UNA GUÍA PASO A PASO

MANUAL DE BODYBUILDING

Desarrollo de:
• Fuerza • Elasticidad • Resistencia muscular

Coordinación: **Luis Lesur**

EDITORIAL
TRILLAS

México, Argentina, España,
Colombia, Puerto Rico, Venezuela ®

Catalogación en la fuente

Lesur, Luis
Manual de bodybuilding : Desarrollo de: • Fuerza
• Estabilidad • Resistencia muscular: una guía paso a
paso. -- México : Trillas, 2006.
80 p. : il. col. ; 27 cm. -- (Cómo hacer bien y
fácilmente)
ISBN 968-24-7497-3

1. Ejercicio - Manuales, etc. I. t. II. Ser.

D- 646.75'L173m   LC- RA781.6'L4.5

División Comercial
Calzada de la Viga 1132
C.P. 09439 México, D. F.
Tel. 56 33 09 95
FAX 56 33 08 70

www.trillas.com.mx

Miembro de la Cámara Nacional de
la Industria Editorial
Reg. núm. 158

Primera edición, mayo 2006
ISBN 968-24-7497-3

Impreso en México
Printed in Mexico

Esta obra se terminó de imprimir y
encuadernar el 9 de mayo del 2006,
en los talleres de Rotodiseño y Color,
S. A. de C. V.

BM2 100 IW

En la elaboración de este manual participaron:

Textos

Luis Lesur

Diseño gráfico y fotografía

Olivia Ortega

Producción

Ana Paula Sánchez
Edgar Nájera
Iván Mariano Castaneda

Colaboración

CORAL GABLE Fitness Center
Arq. Luis R. Pontones Ll.
Av. San Jerónimo 209, Col. Tlaltenango, C.P. 62170, Cuernavaca,
Mor., México. Tel. (01 777) 311 13 73 y 3 11 14 07.

INTRODUCCIÓN

EL FISICOCULTURISMO HA DEJADO DE SER UN DEPORTE DE ÉLITE, SÓLO PARA LOS ATLETAS MUSCULOSOS, PARA CONVERTIRSE, CADA DÍA MÁS, EN UN CAMINO DE LA GENTE COMÚN, COMO USTED O COMO YO, PARA EMBELLECER SU CUERPO Y AUMENTAR SU SENSACIÓN DE BIENESTAR.

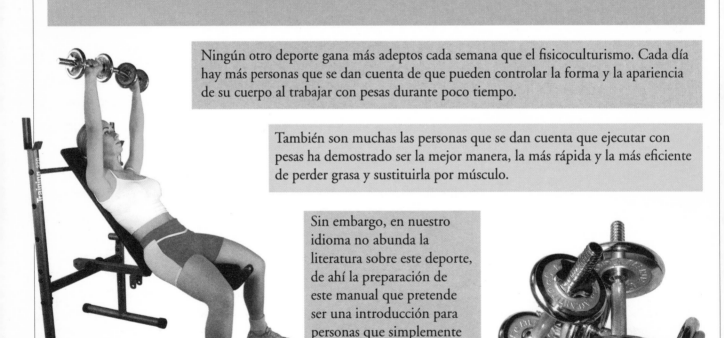

Ningún otro deporte gana más adeptos cada semana que el fisicoculturismo. Cada día hay más personas que se dan cuenta de que pueden controlar la forma y la apariencia de su cuerpo al trabajar con pesas durante poco tiempo.

También son muchas las personas que se dan cuenta que ejecutar con pesas ha demostrado ser la mejor manera, la más rápida y la más eficiente de perder grasa y sustituirla por músculo.

Sin embargo, en nuestro idioma no abunda la literatura sobre este deporte, de ahí la preparación de este manual que pretende ser una introducción para personas que simplemente pretenden mejorar su apariencia y contribuir a su bienestar físico y hasta espiritual.

Por eso ha sido el énfasis, en este manual, de proponer caminos, métodos del trabajo con pesas con los que se obtengan resultados relativamente en poco tiempo, en pocos meses y no en años de esfuerzos constantes.

En el primer capítulo encontrará el lector una breve descripción de este deporte, su origen y su orientación actual. Allí se plantea que la popularidad actual del deporte reside precisamente en que ayuda a la gente a verse y sentirse mejor.

Ayuda a la gente joven a desarrollar su físico, a consolidar su cuerpo con un mejor tono muscular; para la gente madura constituye el camino para restaurar su aspecto perdido, su energía y vigor; para los mayores es un medio excelente para restituir los músculos que se pierden y esfuman con los años, a la vez que se gana fuerza.

Para las personas con problemas de gordura, el fisicoculturismo representa el camino más rápido, eficiente y sano para perder la grasa y recuperar la esbeltez.

En este capítulo inicial se presenta el programa de tres meses y consta de una serie de ejercicios con pesas, una serie de ejercicios aeróbicos y una alimentación rica en proteínas y carbohidratos, pero baja en grasas.

Este programa que allí se describe, toma apenas 2 % del tiempo útil de la semana.

En el capítulo siguiente, el segundo, se hacen algunas consideraciones sobre el ejercicio con pesas y se define la naturaleza del ejercicio con pesas que aquí se propone, basado en conocimientos acumulados por una gran cantidad de practicantes y estudiosos de este deporte. Los conceptos más importantes son la brevedad del ejercicio, la intensidad del mismo y la autorregulación, es decir, que cada quien juzga la intensidad, el esfuerzo con el que lo puede realizar.

En el tercer capítulo se alude a los ejercicios aeróbicos, que son un complemento indispensable, no sólo para que los músculos descansen y se repongan, sino también por el bienestar que proporciona al cuerpo un ejercicio que oxigena.

Aquí también se alude a la importancia de la intensidad del ejercicio aeróbico y a la autorregulación, es decir, que cada quien pone, según su condición física, su máximo de energía, sin forzarse y siempre mejorando.

En el capítulo acerca de la alimentación se insiste en la necesidad de nutrir el cuerpo para crear y regenerar sus músculos y perder grasa. Se dice que hay que comer más y no menos y se dan pautas para escoger aquellos alimentos que nos darán músculos y energía.

En el capítulo final se indican los ejercicios que se recomiendan para cada parte del cuerpo, con la intención de que en su mayoría se puedan realizar en casa, con un par de mancuernas, una barra y un banco de ejercicios. Obviamente hay opciones para trabajar también en el gimnasio en aparatos más específicos para el trabajo y desarrollo de algunas partes del cuerpo.

FISICOCULTURISMO PARA VERSE Y SENTIRSE BIEN

EL FISICOCULTURISMO, FISICOCONSTRUCTIVISMO, FORMACIÓN DEL CUERPO O *BODYBUILDING*, COMO SE DENOMINA EN INGLÉS, ES UN DEPORTE QUE TIENE EL PROPÓSITO DE DESARROLLAR MUSCULATURA MÁS FUERTE, MÁS PROPORCIONADA Y BELLA.

¿QUÉ ES EL FISICOCULTURISMO?

Los músculos se desarrollan, crecen y se fortalecen al ejercitarlos contra alguna resistencia o peso cada vez mayor.

La manera más fácil y mejor de conformar los músculos del cuerpo es hacer ejercicio con pesas, de ahí que el físicoculturismo consista en un conjunto de diversos ejercicios con pesas.

CUÁL ES SU ORIGEN

Aunque el cultivo de la belleza y la fortaleza del cuerpo es algo que se remonta a la antigüedad, particularmente a la griega, con Hércules y otros personajes mitológicos y con los juegos de las Olimpiadas, su popularidad como deporte moderno comienza a principios del siglo XX y se fortalece en los años treinta de esa centuria.

Cuando se inician las Olimpiadas modernas a principios del siglo XX, con algunas competencias de atletismo y particularmente con las de levantamiento de pesas, la exaltación del cuerpo vigoroso de los varones comienza a tomar ímpetu.

A esta exaltación de la figura atlética contribuían los ideales filosóficos que unían la belleza y fortaleza del cuerpo con la de la mente, en aquella dualidad de mente sana en cuerpo sano y viceversa.

Ya en la década de los años treinta hubo un atleta que se decía "el hombre más perfectamente desarrollado del mundo", quien ofrecía cursos por correo para cambiar, en pocos meses, el físico de un alfeñique o persona muy delicada, por el de un atleta, haciendo ejercicios al empujar y resistir diversos esfuerzos con el propio cuerpo, sin pesas ni aparatos. Su sistema se llamaba tensión dinámica.

Se hacía llamar Charles Atlas, en recuerdo aquel Titán de la mitología griega a quien Zeus condenó a cargar eternamente el cielo y que se representaba como un hombre vigoroso que llevaba la tierra sobre sus hombros y manos. Así, Charles Atlas contribuyó de manera muy vigorosa a popularizar este deporte.

En 1939 se lleva a cabo en los Estados Unidos el primer concurso de Mister América, en el que exhibían sus cuerpos decenas de atletas y premiaban, como en los concursos de belleza femenina, al cuerpo varonil mejor desarrollado por su musculatura.

Estos concursos perduran y algunos de sus ganadores han resultado artistas de cine, tanto por la belleza física de su cuerpo y rostro, como por sus habilidades para hacer toda clase de acrobacias y retos físicos.

EL FISICOCULTURISMO EN LA ACTUALIDAD

Sin embargo, la popularidad del fisicoculturismo no deriva ahora de la ambición por concursar, ni por lucir en la playa una musculatura impresionante, sino porque ayuda a tener un buen aspecto, buena salud y la sensación de gran bienestar físico, tanto a hombres como a mujeres.

La participación de la mujer en el físicoculturismo es cada vez mayor porque es un deporte o un ejercicio que realmente ayuda a conformar el cuerpo como se quiere y contribuye a eliminar grasa.

El fisicoculturismo se ha convertido en un deporte muy popular, cuyos adeptos aumentan día a día, como en ninguna otra actividad deportiva, porque, además de la apariencia física, también mejora la salud y la sensación de bienestar.

La proliferación de los gimnasios y su uso, tanto por mujeres como por hombres, es la mejor evidencia de la popularidad creciente de este deporte.

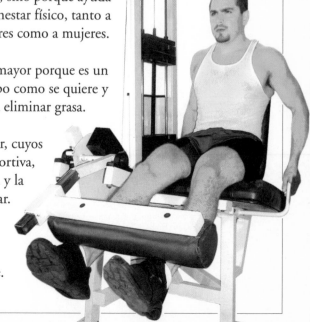

VERSE MEJOR, SENTIRSE MEJOR

Ahora la mayoría de las personas que van a un gimnasio no son atletas, sino gente común que está allí para ejercitarse con el fin de verse y sentirse mejor, que es el gran beneficio del fisicoculturismo.

Eso no impide que vayan también la mayoría los atletas para ayudarse en sus respectivos deportes, con una musculatura mayor y más resistente que les proporciona el fisicoculturismo.

QUIÉNES LO PRACTICAN

En general se recomienda que personas menores de 16 años no practiquen este deporte, tanto porque a esas edades se tiene un cuerpo bello y una sensación de bienestar natural que proporciona la naturaleza de manera gratuita, como porque sus cuerpos se encuentran en un crecimiento normal, que el ejercicio con pesas puede afectar.

Los jóvenes y las jóvenes mayores de 16 años que están en los gimnasios buscan modelar a la perfección sus cuerpos, para hacerlo más atractivo y estar más seguros de ellos mismos y secundariamente por la sensación de bienestar.

Pero ya llegando a los 30 años y particularmente al entrar en los 40, los 50, los 60 y mayor edad, la fortaleza del cuerpo, el vigor de los músculos y el sentirse otra vez bien, son las principales motivaciones de quienes practican en el fisicoculturismo.

Es decir, que el fisicoculturismo no es un deporte para los jóvenes, ni para los atletas sino para las personas de cualquier edad que se quieren ver y sentir mejor.

EXCUSAS PARA NO VERSE NI SENTIRSE BIEN

Hay mucha gente que piensa que está pasada de peso y que quiere ponerse a dieta y hacer algo de ejercicio pero lo pospone con excusas y razones diferentes.

Otras personas se sienten muy débiles porque consideran que ya no están en edad de volver a estar en forma.

Hay personas que se sienten cansados todo el día y en algunos la debilidad y la falta de energía son tales que les viene a la mente que quizá no amanecen al día siguiente.

Sin embargo, esas personas pueden mejorar su cuerpo y sentirse perfectamente bien el resto de su vida con el fisicoculturismo, ya que la grasa desaparece, los músculos aparecen y la energía se recobra como nunca antes en la vida. Hasta el carácter mejora.

En cualquier momento es conveniente iniciarse en este deporte, pero cuando resulta un imperativo es cuando uno se da cuenta que su cuerpo ya no es como lo era antes. Algo lo cambió. El tiempo, la alimentación, la flojera y la negligencia habrán producido el cambio, que la mayoría de las veces no sólo es en lo físico, sino que también incluye otros aspectos de la vida.

CAMBIO EN POCOS MESES

Así como Charles Atlas prometía y cumplía un cambio drástico de la apariencia en unos seis meses con sus ejercicios, el moderno fisicoculturismo puede lograr un excelente cuerpo en el término de unos tres meses.

No es necesario esperar cerca de un año o más para ver resultados. Con los ejercicios correctamente realizados en unas cuantas semanas se comienzan a ver cambios y en tres meses el resultado será evidente en su cuerpo y en su sensación de bienestar físico y mental.

Es posible volver a estar en forma con un programa de ejercicios para verse y sentirse bien. Claro, hay que quitarse algunas malas costumbres, ciertos malos hábitos.

EJERCICIO Y ALIMENTACIÓN APROPIADA

Existen muchos programas de fisicoculturismo con los que se logran resultados sorprendentes en alrededor de tres meses. Todos constan de un programa de ejercicios y uno de alimentación.

El programa de alimentación es indispensable para que las personas que hacen los ejercicios coman en cantidad suficiente los alimentos correctos y eliminen los alimentos incorrectos.

El secreto para tener energía y músculos es una alimentación balanceada en proteínas y en carbohidratos y baja en grasas.

En general no se trata de comer menos, sino de comer más y más seguido esos alimentos para tener energía suficiente para hacer los ejercicios y disponer de las proteínas con las que se repongan y formen los músculos nuevos.

Sin el programa de alimentación, la pérdida de grasa y su sustitución por músculos, puede no lograrse, lograrse mal o inclusive, llevar al agotamiento.

El secreto para no pasar hambre lo conocen bien quienes idean estos programas y consiste en comer más seguido, de cinco a seis veces al día, en lugar de tres.

TRES MESES

Aquí, en este manual se presenta un programa de ejercicios que ha probado ser efectivo entre cientos de miles de personas, produciendo cuerpos esbeltos y una excelente sensación de bienestar en el término de tres meses.

Se trata de un programa para construir un mejor cuerpo que combina tres veces a la semana ejercicios con pesas, tres veces a la semana ejercicios aeróbicos, un día de descanso y una alimentación equilibrada en proteínas y carbohidratos, pero baja en grasas.

PROGRAMA DE TRES MESES

- → Tres veces a la semana
  - → Ejercicios con pesas
  - → Ejercicios aeróbicos
- → Un día de descanso
- → Alimentación balanceada

Unos minutos al día

El programa, con el que se borran años de negligencia en sólo tres meses y se logra el cuerpo que siempre quiso usted, toma sólo 3 horas 25 minutos a la semana; sólo 2 % de las horas disponibles cada siete días.

TRES MESES

3 horas 25 minutos a la semana

2 % de las horas disponibles

De manera que no necesita aburrirse horas y horas en el gimnasio o haciendo ejercicios aeróbicos sin perder peso y sin comer lo que le gusta.

Aunque los resultados finales se ven hasta los tres meses, los progresos se aprecian con certeza a partir de las dos semanas.

No importa si es hombre o mujer ni si tiene 22 o 62 años, es posible cambiar sin necesidad de agotarse ni morirse de hambre.

Compromiso para el cambio

Casi todas las personas que han seguido un programa como éste para estar en forma físicamente, han encontrado que el resultado es algo que va mucho más allá de eso, pues también cambia la manera en que se sienten acerca de sí mismos.

Al hacer los ejercicios y alimentarse bien, el nivel de confianza en sí mismo crece junto con sus músculos, ya que se tiene la sensación de que si se logra el control de su cuerpo, se tiene el control de su vida.

Usted confirmará que una mente fuerte y saludable efectivamente reside en un cuerpo fuerte y saludable.

En efecto, cuando uno no está en forma, la vida no se vive plenamente, se pierde potencial para disfrutarla y hay cosas que ni siquiera se intentan.

En cambio, cuando uno se siente y se ve mejor, el horizonte para disfrutar la vida se amplía, porque su cuerpo, que es el epicentro de su universo, templo de su vida y de su alma, está bien.

Si ese templo se está ablandando y envejeciendo rápidamente, abandonado, hay otros aspectos de su vida que lo seguirán.

En cambio, cuando se empieza a tener un control del cuerpo se caen muchas barreras que impiden disfrutar la vida en plenitud. Una buena figura eleva su autoestima y su capacidad de vivir mejor.

Quejarse hace miserable a la gente y los problemas se hacen mayores, además, cuando se queja atrae gente que se queja y se entra en un círculo vicioso.

Pero la vida también funciona hacia el otro lado, porque cuando se siente bien y se decide ser feliz, aventurado y de mente abierta, porque tiene las fuerzas para ello, encontrará a otras gentes que han decidido lo mismo.

El cambio verdadero es el cambio que viene de adentro y comienza cuando se ha tomado la decisión de cambiar lo de afuera.

METAS PARA EL CAMBIO

¿Cuáles son sus razones para cambiar? Cuando se mira a sí mismo, ¿cómo se ve? tómese una foto en traje de baño, con sus brazos a los lados y obsérvela. ¿Cómo se siente acerca de sí mismo? ¿Tiene confianza, se agrada, se siente con energía, fuerte? Pregúntese si tal como va, va bien, o le conviene cambiar un poco el rumbo. ¿Quiere un futuro sintiéndose bien, viéndose bien?

Cuando conteste estas preguntas, sus razones para hacer el cambio en su cuerpo y en su vigor, se aclararán. Piense en los tres más importantes logros que quisiera alcanzar en los próximos noventa días. ¿Qué espera que ocurrirá al final de esos tres meses?

Anote en una hoja los tres logros que espera. No sólo los piense, escríbalos, póngalos en blanco y negro. No tiene el mismo efecto pensarlos que escribirlos. Hay magia al ponerlos en un papel.

Mire hacia adelante, tenga una visión del futuro. Recuerde que al ver nuestra vida actual tenemos tres tipos de visión: la visión histórica, la presente y la futura.

Si domina la visión histórica, entonces todo lo pasado fue mejor. Todo lo bueno, lo disfrutable de la vida ya pasó. Se habla de los viejos tiempos, de las anécdotas, de lo que sucedió. Las personas aferradas a una visión histórica se sienten incómodas con el crecimiento de los otros, están inconformes con la evolución, con el cambio positivo a su alrededor.

La gente que quiere tener un mejor cuerpo generalmente está dominada por la visión presente, no tienen una obsesión por el pasado, pero tampoco están enfocados al futuro.

Las personas que están dominadas por la visión al futuro están siempre creciendo, tomando constantemente nuevos retos. No ignoran el pasado, pero están desarrollando nuevas habilidades para el futuro que quieren. Lo que domina es a dónde van o quieren ir.

Si tiene visión del futuro puede fijarse metas sin esfuerzo. Podrá pensar y escribir los cambios en su cuerpo y en su vida que anhela tener en los próximos noventa días.

Si sus logros pretendidos son desarrollar músculos, tener fuerza o perder peso, debe escribir eso en términos concretos, por ejemplo, dentro de tres meses quiero haber aumentado cinco kilos de músculo y perdido diez kilos de grasa. Algo concreto en una fecha determinada.

Deseos

→ Algo que no se sabe cuándo ocurrirá

Hay una diferencia entre deseos y metas. Un deseo es algo que no se sabe cuándo ocurrirá, es todavía un anhelo. En cambio, metas son hechos específicos que se quieren cumplir en un determinado tiempo.

Metas

→ Acciones específicas en determinado tiempo

Sus metas provienen de sus anhelos de transformación positiva cuando les pone una fecha para cumplirlos. Cuando se cumplen las metas habrá más sueños que inspiren nuevas metas, porque es un proceso que no termina.

Se trata de establecer metas ambiciosas pero alcanzables, algo dentro de lo posible, no un sueño más en el calendario.

No tire la hoja donde escriba sus deseos y sus metas. Consérvela y léala en voz alta. No la lea como una esperanza, con una sombra de duda en su tono de voz, sino como algo que va a lograr definitivamente, con la seguridad de que lo cumplirá.

Cada vez que haga su ejercicio lea otra vez sus metas. Incluya la lista con las hojas de planeación y control de sus ejercicios, donde registre sus progresos y pueda planear lo que sigue.

Imagine la foto de después y a los demás viendo su cuerpo. Si lo puede imaginar, lo puede lograr.

CAMBIO DE HÁBITOS

Lo más importante para cumplir sus metas es su compromiso con ellas, su convicción de lograrlas. Sin embargo, hay que vencer también algunos malos hábitos.

Los hábitos son cosas que se hacen automáticamente, como los hábitos para comer, las costumbres sedentarias, la práctica para encontrar siempre pretextos para posponer nuestro bienestar físico.

Piense por un momento en cuáles serían los tres principales hábitos de su vida que se interpondrían para alcanzar sus metas.

Ahora considere tres nuevos hábitos que contribuirían definitivamente al logro de sus metas.

Bueno, pues ahora hay que cambiar los malos hábitos viejos, poner en práctica los nuevos buenos y cumplir nuestras metas para iniciar y no interrumpir el programa de ejercicios para verse bien y sentirse bien, durante tres meses.

Ya hemos indicado que el programa para verse bien y sentirse bien que proponemos en este manual, es uno de gran éxito que consiste en tres sesiones a la semana de levantamiento de pesas, tres sesiones de ejercicios aeróbicos, un día de descanso y una alimentación balanceada en proteínas y carbohidratos y baja en grasas.

Vamos ahora a dar una visión general del ejercicio con pesas, del ejercicio aeróbico y el programa de alimentación.

EJERCICIO CON PESAS

CAMINAR ALREDEDOR DE LA CUADRA O SUBIR UNAS ESCALERAS, ES MEJOR EJERCICIO QUE NO HACER NADA, PERO LA MEJOR MANERA DE EJERCICIO PARA DARLE OTRA FORMA A SU CUERPO ES EL ENTRENAMIENTO CON PESAS.

A través de un trabajo de resistencia como es el levantamiento de pesas, se puede incrementar su metabolismo, es decir, la rapidez con que su cuerpo quema grasa.

Además, cuando el cuerpo gana musculatura requiere aún más energía para mantenerlo y entonces, la grasa se quema, se transforma en energía y se usa. En cambio, la grasa acumulada en su cuerpo por la falta de ejercicio no necesita ninguna energía para mantenerse, simplemente está allí.

Con el ejercicio con pesas no únicamente quema grasa, con lo que puede cambiar la forma de su cuerpo, sino que también puede construir hombros más amplios de manera que su cintura se vea más delgada, puede lograr brazos más musculosos, sin grasa, firmes, músculos abdominales definidos y piernas más fuertes.

PESAS Y AERÓBICOS

Ha habido algo de polémica acerca de si los ejercicios aeróbicos son mejores que las pesas para quemar la grasa y formar el cuerpo. La experiencia ha demostrado con creces que para eliminar grasa el ejercicio con pesas es muy superior al aeróbico.

Cuando solamente se realiza el ejercicio aeróbico, la pérdida de grasa, la disminución de la gordura será poca, aunque se baje algo de peso. Pero el cuerpo seguirá igual, con la misma forma, aunque quizá un poco menos voluminoso.

Así, que si se tiene un cuerpo de pera, con únicamente los ejercicios aeróbicos, se continuará con ese cuerpo, sólo que ahora ligeramente menos grasoso, lo cual está bien, si eso es todo lo que se quiere. Pero eso no se puede considerar una transformación, mientras que el ejercicio con pesas sí puede cambiar la forma del cuerpo.

EJERCICIO DE PESAS PARA MUJERES

En las mujeres el fisicoculturismo, lejos de crear cuerpos musculosos, varoniles, ayuda a construir bellos cuerpos sin grasa, bien torneados, con tono muscular.

La grasa ocupa, por peso, cinco veces más espacio que los músculos, de manera que si una mujer sustituye la grasa de sus caderas o de sus nalgas con el mismo peso de músculo, sus caderas serán mucho menores y más macizas.

PESAS PARA PERSONAS DE EDAD MAYOR

Antes se consideraba que el levantamiento de pesas era un ejercicio únicamente apropiado para jóvenes, ahora se sabe que es una actividad conveniente para personas de todas las edades.

Es más, en tanto una persona es más vieja, más grasa acumula en su cuerpo y al tener más grasa se pierde masa muscular y fuerza, con lo que las personas de edad se vuelven frágiles, más débiles y por tanto, más propicias a trastornos físicos.

Sin embargo, se ha demostrado que las personas entre 70 y 72 años de edad que hacen ejercicios con pesas tres veces a la semana aumentan su fuerza y su flexibilidad hasta en 200 %.

Ello quiere decir que lejos que el fisicoculturismo sea una actividad más propicia para jóvenes, resulta que es quizá igual o más benéfica para personas de edad, porque elimina la grasa, aumenta la masa muscular y la resistencia del cuerpo.

CRECIMIENTO DE LOS MÚSCULOS

Cuando se trabaja intensamente con pesas, cuando los músculos se sobrecargan ligeramente por el peso y el esfuerzo, se produce un microtrauma en el tejido muscular. Si esto ocurre, el cuerpo trabaja para reconstruir el músculo mientras descansa.

Al reparar el músculo dañado, el organismo lo dejará un poco más grande, más fuerte, más firme, mejor preparado para soportar el esfuerzo que realizó. Esa es la magia que ocurre con el trabajo intenso de las pesas.

La reparación y el crecimiento del músculo acontece después del trabajo, cuando el músculo descansa, no cuando se está ejercitando.

Esta reparación exige energía, que, en circunstancias correctas, será tomada de la grasa que se acumula en su cuerpo.
El organismo usa su grasa para ayudar a sus músculos a crecer.

Entre una sesión de ejercicios y otra, el músculo se repara a sí mismo, por tanto, es el momento de descansar y relajarse para que las fibras musculares se renueven adecuadamente.

Por eso, los ejercicios que aquí se recomiendan se deben realizar únicamente tres veces a la semana. No más, no menos.

LEVANTAR Y BAJAR PESAS

En un ejercicio con pesos libres hay dos movimientos básicos: uno consiste en levantar el peso y el otro en bajarlo para volverlo a su lugar inicial. En un movimiento el músculo se acorta, se contrae, mientras que en el otro se distiende, se alarga.

El subir y el bajar, el contraer y el distender con intensidad, es lo que estimula a los músculos a crecer.

Hay evidencias suficientes de que bajar el peso haciendo esfuerzo es tan importante como el trabajo de levantarlo. Es más, se sabe que al bajar el peso lentamente se produce la mayoría del daño que estimula a los músculos a repararse, crecer y fortalecerse.

Por eso, en el trabajo con pesas hay que concentrarse por igual en subir que en bajar los pesos lentamente. No se trata de subirlos rápido y casi dejarlos caer de regreso, sino en levantarlos despacio para que el esfuerzo dure, y bajarlos también lentamente, prolongando el esfuerzo en el sentido inverso.

TIEMPO E INTENSIDAD

Periodos breves e intensos de ejercicios producen resultados físicos impresionantes.

Por eso, los ejercicios que aquí se recomiendan son breves, intensos y sumamente efectivos. Se deben realizar en sesiones de acasi 45 minutos, tres veces por semana. No más, no menos, porque eso es todo lo que se necesita para estimular los músculos y quemar grasa.

Los otros tres días se deberán hacer ejercicios aeróbicos, en sesiones de 20 minutos, tal como más adelante se indica.

Ejercitarse mucho tiempo con las pesas no es mejor, sino peor. Mucho ejercicio impide tener resultados.

Las sesiones de pesas deben proporcionar la cantidad precisa de estímulos para desencadenar una reparación o adaptación de las fibras musculares. Una vez que se estimula a los músculos, solamente necesita moverlos y comenzar el proceso de recuperación. En eso reside el prodigio para cambiar su figura y su sensación de vida en pocas semanas.

Hay personas que trabajan mucho sus músculos en el gimnasio o en su casa y obtienen muy poco, sin considerar que ejercitándose menos tendrían resultados más rápidos. Trabajan más tiempo y más frecuentemente en la suposición errónea de que eso es mejor.

REPETICIONES E INTENSIDAD

En el lenguaje del fisicoculturismo, un *set* es un número de repeticiones de subir y bajar un peso, al cabo de las cuales se hace un breve descanso, para iniciar otro *set* o repeticiones.

Aumentar el número de repeticiones, el número de veces que se sube y baja un mismo peso, no da los mismos resultados que aumentar el peso, porque es la alta intensidad de un ejercicio lo que produce los mejores resultados.

Después de un periodo inicial de ganar fuerza, la mayoría de la gente llega a una meseta, a un nivel de fuerza que permanece esencialmente igual. Un cambio, un aumento del peso, es esencial para que los músculos no se acostumbren a ciertas cargas, sino que progresivamente lleguen a niveles más altos de fuerza.

Mucha gente que se ejercita con pesas no obtiene resultados porque no entrenan con la intensidad suficiente para impulsar sus cuerpos al punto donde sus músculos se ven forzados a crecer.

La mayoría de la gente cree que está empujando, haciendo un esfuerzo suficiente, pero no es así. Deben ir más allá de esa meseta.

Los límites al peso que ahora levantan con cierto esfuerzo y los límites con los que han vivido en todos los aspectos de su existencia han sido creados por su mente. Son percepciones de que hasta allí se llega. Y eso es lo que los mantiene estancados. Pero es sólo su imaginación, su mente.

La cuestión es si está usted preparado para comenzar a rebasar esos límites y descubrir qué tan lejos está su verdadero potencial.

En el entrenamiento de resistencia la intensidad máxima ocurre después de que se ha percibido una falla, una deficiencia, una insuficiencia de fuerza para seguir adelante.

Hay quienes allí se dan por vencidos, pero también hay quienes se sobreponen a su aparente debilidad y pueden ir a un punto más alto, de máxima intensidad y se proyectan ellos mismos a ese lugar en el que no habían estado antes. Se sobreponen al límite de "hasta aquí puedo" y llevan su esfuerzo adelante. Estas personas son las que obtienen resultados notorios más rápidamente.

INTENSIDAD MÁXIMA

No importa tanto cuál ejercicio realiza, sino la manera en que lo hace. Puede realizarlos en su casa con un par de mancuernas o en los modernos aparatos de un gimnasio. Lo importante es que los haga intensamente para obtener resultados rápidos.

Para lograr resultados más y más rápidos en nuestro cuerpo, debemos producir puntos de intensidad máxima. Al tratar de la intensidad estamos hablando de la calidad de los ejercicios, no de su cantidad.

Se trata de alcanzar niveles de intensidad más y más altos.

Durante los ejercicios tratamos de estimular en el músculo una reacción adaptativa, una regeneración. Los estudios realizados al respecto demuestran que la incitación necesaría para estimular el crecimiento de un músculo sucede rápido o no sucede. No es cosa de horas y horas, sino de pocos minutos.

Hay que tratar de llegar al punto de máxima intensidad y allí dejarlo. No es una meseta o un nivel por alcanzar, es solamente un punto que se mantiene un instante y se abandona, para ejercitar otra parte del cuerpo comenzando con un nivel bajo para subir hasta tratar de alcanzar un nivel de intensidad máxima.

Por lo tanto, lo que debe buscar en sus ejercicios son estallidos de intensidad máxima. Esos *sets* serán un reto. Cada semana hay que incrementar el reto. No se trata de que, como dicen muchos, haga su mejor esfuerzo, es mucho más que eso. Lo que usted considera su mejor esfuerzo es una limitación autoimpuesta.

Usted es capaz de mucho más de lo que imagina y ahora es el momento de descubrir su verdadero potencial y el coraje para alcanzarlo.

Recuerde que su punto de máxima intensidad es su punto de máxima intensidad. No es el punto de máxima intensidad del entrenador, ni el del vecino, ni el de su hermana. Cada quien tiene sus momentos propios de máxima intensidad, según sus fuerzas y condición física.

Vamos a usar un índice de intensidad para ayudarnos a crear puntos de máxima intensidad. La medida es el nivel de energía que se pone en el esfuerzo. Comienza con el nivel 10 y termina con el nivel 100.

Digamos que el nivel 10 de esfuerzo es el que uno pone para sentarse a ver la televisión; el nivel 20 es ponerse de pie; en tanto que el 30 es caminar y el 40 cargar las bolsas con los víveres al ir de compras; en tanto que el nivel 50 es subir las bolsas por las escaleras al piso de arriba y así, hasta llegar al nivel 100 de esfuerzo, el máximo posible.

Nivel de energía	
10	Ver la televisión
20	Ponerse de pie
30	Caminar
40	Cargar las bolsas con víveres
50	Subir las bolsas por las escaleras
100	El máximo posible

El uso apropiado de este índice de intensidad hace que estos ejercicios sean autorregulados, de manera que cualquier adulto saludable puede seguir el programa, independientemente de su experiencia y de su vigor actual.

Nivel máximo de esfuerzo

Supongamos que una persona es capaz de levantar una barra con pesas de 15 kilos durante un *set* de 12 repeticiones. Digamos que al final esa persona ha alcanzado su nivel máximo de esfuerzo, lo ha dado todo y aún más. Ese es, en ese momento, su punto de máxima intensidad.

Nivel máximo de esfuerzo

Otra persona que ha entrenado durante años podrá levantar la barra con 45 kilos de peso las 12 repeticiones. Lo importante es que su punto de máxima intensidad es, solamente de él.

El verdadero punto de máxima intensidad en estos ejercicios, una verdadera experiencia del nivel 100, es aquella en que honestamente diga que pondrá hasta la última gota de su energía con tal de lograrlo. Es un acto de voluntad, es un acto de su fuerza interior. Su verdadero punto de máxima intensidad viene de su mente, no de sus músculos.

Después que termina un *set* de alta intensidad para un grupo de músculos y antes de escribir en su bitácora o registro si llegó al nivel 80 o 90 o 100, necesita contestar a esta pregunta: ¿podría haber hecho una repetición más si alguien estuviera junto, estimulándolo a alcanzar un nivel todavía más alto, para impulsarlo a un nivel más allá?

Si su respuesta es no, entonces felicidades, porque calificó usted como 100 de intensidad o intensidad máxima.

Pero si su respuesta es algo así como "probablemente habría hecho una más", entonces andaría usted por el orden de un 90 de intensidad, pero no en la máxima intensidad, que quedará para la siguiente vez.

No se alcanza la intensidad máxima cada vez que se lo propone, ni es fácil lograrla.

La intensidad del ejercicio, el esfuerzo y el desgaste que tiene con él, son capacidades, valores y percepciones enteramente personales.

Si usted ya tiene experiencia en el levantamiento de pesas ya sea en casa o porque va al gimnasio, sabrá qué peso de mancuernas necesita para iniciar un ejercicio, digamos un *cristo*. Supongamos que toma un par de mancuernas de cinco libras para hacer el primer *set*.

Si al iniciar el ejercicio se da cuenta de que le son muy pesadas, debe cambiarlas por unas menos pesadas, para después aumentar paulatinamente el peso.

Si por el contrario las mancuernas que tomó le resultaran demasiado ligeras, como de un nivel tres, no las deje por otras más pesadas, sino que termine su *sets* de ese ejercicio. Anote en su hoja de registro el peso que usó y la intensidad que alcanzó.

La siguiente vez que ejercite sus músculos de la parte alta del cuerpo, al consultar su bitácora de trabajo verá, que necesita utilizar mancuernas más pesadas.

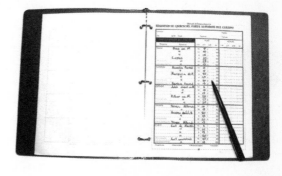

Al hacer cada ejercicio hay un proceso de afinación del peso que debe utilizar. El registro del peso y la intensidad con que realiza sus ejercicios en cada sesión ayuda a ello.

Vamos a ejemplificar con una suposición. Digamos que una persona va a hacer un ejercicio llamado *cristos* y toma unas mancuernas de 10 libras, que le resultan bastante ligeras, apenas una escala de intensidad de 50, que si no hace que por sus músculos circule mucha sangre sí los calienta.

Después del primer *set* de 12 repeticiones se detiene un minuto y toma un par de mancuernas con 15 libras, para hacer ahora un *set* de sólo 10 repeticiones.

Al terminar, esta persona toma un par de mancuernas de 20 libras de peso y realiza un *set* de 8 repeticiones, que para él significan una intensidad 7.

Descansa un minuto y toma unas mancuernas de 25 libras para hacer únicamente 6 repeticiones, con las que llega a un nivel de intensidad 8 y termina sudando, pero listo para intentar su esfuerzo de máxima intensidad.

Se espera un minuto, toma las mancuernas de 20 libras y comienza una serie de 12 repeticiones. El llegar a la octava repetición sus músculos se están esforzando mucho y cuando llega a la décima, ya siente que están llenos de sangre en su interior y obviamente las repeticiones once y doce son un verdadero reto, pero las hace. Ése es un nivel de intensidad del 90.

Entonces deja las mancuernas de 20 libras y toma unas de 15 libras, se acuesta en la banca, pero en lugar de hacer los *cristos*, hace un *press*, como el de la pagina 42. Al llegar a la repetición 4 respira profunda y lentamente. Para la repetición 7 está por abandonar todo. Pero él sabe, por experiencia que allí es exactamente donde quiere estar. Se dice a sí mismo: "son tres más y ya, no te retires ahora".

Con gran dificultad alcanza a hacer la décima repetición, quizá con un nivel 90 de intensidad. Busca fuerzas en su interior e intenta la onceava repetición a cuyo final hace una pausa y se pregunta, ¿vamos a ver qué tanta fuerza interior tengo? empieza la doceava con éxito, y llega al punto de máxima intensidad.

Los cambios ayudan a que no se estanque, porque el cuerpo se acostumbra a ciertas cargas, de manera que 6 u 8 repeticiones con 30 libras pueden llevar a la meseta de fuerza, pero un cambio de peso y de número de repeticiones, es decir 12 repeticiones con 25 o 20 libras pueden producir una ganancia de fuerza extra, evitando demasiadas repeticiones con la misma carga de trabajo.

Si piensa que su cuerpo no se ha acostumbrado a la carga máxima, puede intentar alcanzar la intensidad máxima con el mismo peso.

Cuando haga sus ejercicios siempre comience con un nivel de intensidad moderado, luego aumente de intensidad, aumentando el peso que soporta, para finalmente intentar el nivel de intensidad máximo, el cual no se alcanza siempre.

En la hoja para registrar sus ejercicios se recomienda cuándo intentarlos.

CADENCIA

Los ejercicios se deben hacer lentamente, con una cadencia uniforme, contando hasta uno antes de regresar a la posición inicial, donde se hace otra pausa de uno, para enseguida reiniciar el ejercicio.

RESPIRACIÓN

Generalmente es al comenzar el movimiento desde la posición inicial que se inhala, que se toma el aire profundamente y se exhala, se echa fuera en el movimiento de regreso. La inhalación lenta y profunda ayuda a mantener el ritmo, la cadencia del ejercicio.

PLANEACIÓN DE LA RUTINA

El éxito, el cambio de su cuerpo y su condición física, están estrechamente vinculados con la planeación meticulosa de los ejercicios de cada sesión.

Antes de comenzar una sesión hay que saber cuáles ejercicios se harán, cuántos *sets* se van a realizar y de qué número de repeticiones va a constar cada *set*.

Finalmente, deberemos saber de antemano qué peso vamos a utilizar en cada *set*. Con todo ello sabremos, además, cuánto tiempo vamos a demorarnos de principio a fin.

La planeación se anota en las hojas de bitácora o de registro de cada sesión de ejercicios.

En la muestra de estas hojas de ejercicio se indica la parte del cuerpo que se ejercitará, el número de *sets* que se sugieren no varía, porque siempre son seis para cada parte del cuerpo.

En cada *set* se indica el número de repeticiones, que también se supone fijo. Se comienza con un *set* de 12 repeticiones, luego se sigue con 10, 8 y 6 repeticiones, para luego continuar con dos *sets* de 12 repeticiones cada uno.

El peso no se indica, cada quien lo escoge según su condición y conveniencia.

En cambio, sí se señala el nivel de intensidad que se debe buscar en cada *set*, el cual va en aumento. Comienza en 5 en el primer *set* y termina en 10 en el sexto.

PLANEACIÓN DE LA SESIÓN

Anotar en las hojas de registro

Ejercicios por realizar

Sets por realizar

Repeticiones de cada *set*

El peso en cada *set*

Nivel de intensidad

Tampoco se indica los ejercicios que cada quien deberá escoger y anotar en la hoja de registro. Los ejercicios que se sugieren se explican en el capítulo final de este manual, agrupados por la parte del cuerpo que trabajan principalmente. Allí se indican por lo menos cuatro opciones para cada parte del cuerpo, de las cuales, por lo menos dos se pueden realizar con un par de mancuernas y una banca de ejercicios.

La planeación de los ejercicios es importante para saber con precisión qué se va a hacer en cada sesión y así preparar el equipo necesario y no perder tiempo.

Lo peor que puede hacer es deambular por el gimnasio, sin tener claro cuál es el siguiente ejercicio que debe realizar, o, estar esperando a que un entrenador le haga alguna indicación.

Lo mejor es que usted haga su programa y sin perder el tiempo, se concentre en realizar sus ejercicios de la mejor manera, sintiendo que efectivamente trabajan las partes del cuerpo para la que están pensados.

REGISTRO DE LO OCURRIDO EN LA SESIÓN

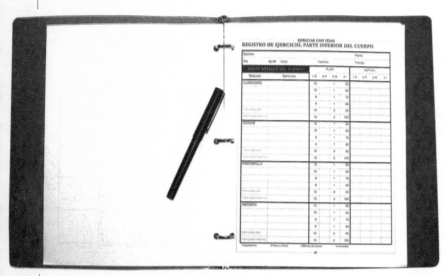

Al término de cada sesión de ejercicio o del ejercicio de cada parte del cuerpo, se anota en la bitácora lo que realmente ocurrió en la sesión. Es decir, el número de repeticiones en cada *set*, el peso finalmente utilizado y el nivel de intensidad que percibió.

En ningún dato debe hacer trampa, menos al anotar el nivel de intensidad. Es un registro para usted, pues cada sesión la debe planear usted analizando lo que ocurrió en las dos sesiones anteriores. No se trata de hacer un registro para saber lo que pasó, sino para tener claro a dónde ir.

No piense que se trata de un papeleo burocrático. Saque copias de las hojas de registro de muestra y póngalas en una carpeta que abre al inicio de su sesión a fin de planear lo que va a hacer y al final, en menos de 2 minutos podrá anotar lo que sucedió ese día.

Es importante saber y registrar si se están logrando los niveles de intensidad adecuados o anda bajo o demasiado alto, ambas cosas inconvenientes. En cualquier caso usted mismo podrá ponerle remedio a esa situación, al analizar sus registros. De otra manera todo queda en el aire y usted se puede pasar mucho tiempo esperando resultados que no llegan.

Cuando se hace un registro usted puede ver qué falla y qué está bien. Puede repetir lo que le sale bien o de mejor manera, para progresar constantemente a buen ritmo.

UNOS DÍAS, LA PARTE ALTA; OTROS, LA PARTE BAJA

Una sesión de pesas está dedicada a la parte alta de su cuerpo, es decir, el pecho, los hombros, la espalda, los tríceps o parte de atrás de los brazos, y finalmente el bíceps o conejo.

La siguiente sesión de pesas, después de un día de ejercicios aeróbicos, está dedicada a la parte baja de su cuerpo, es decir, el cuadríceps o muslo, el bíceps femoral o corva, a la pantorrilla y finalmente el abdomen.

Propongamos que el lunes se trabaja con pesas la parte alta del cuerpo, el martes se hace un ejercicio aeróbico, el miércoles se ejercita con pesas la parte baja del cuerpo, el jueves se dedica a los ejercicios aeróbicos, y el viernes se ejercitan los músculos de la parte alta. Los sábados se hacen ejercicios aeróbicos y el domingo se descansa.

El siguiente lunes toca trabajar la parte baja del cuerpo, el miércoles la alta y el viernes otra vez la baja.

Este intervalo de por lo menos tres días para volver a ejercitar con pesas la parte alta o la parte baja del cuerpo es fundamental para que los músculos se recuperen y crezcan rápidamente.

El día de aeróbicos, además de oxigenar su cuerpo, hace que, de una manera o de otra, sus músculos estén activos, usados de manera diferente a cuando los ejercita con pesas, lo cual también es bueno.

EJERCICIOS EN CASA

Es posible montar en casa un excelente gimnasio con un par de mancuernas de discos intercambiables, una barra, también de discos intercambiables y un banco de ejercicio.

Las pesas para iniciar los ejercicios pueden comenzar por ser de libra y media, tres libras, cinco libras y diez libras. Una libra es un poco menos de medio kilo.

La barra es un peso libre que normalmente se levanta con ambas manos. Consiste en una barra en cuyos extremos se acoplan discos de diverso peso.

La mancuerna es un peso libre hecho con una barra más corta, en cuyos extremos se acoplan los discos de diverso peso. Generalmente se levantan, cada una con una mano.

Con las pesas intercambiables es posible ajustar el peso de las mancuernas y la barra a su fuerza y al ejercicio de que se trate.

Las mancuernas permiten movimientos individuales, permiten que las muñecas y los codos estén en las posiciones más naturales y se pueden girar, para realizar gran cantidad de ejercicios.

Las mancuernas permiten la variedad más grande de ejercicios, que se aprenden fácilmente en su mayoría y los realizan sin problema hombres y mujeres.

Con los primeros movimientos, las mancuernas ayudan a estabilizar las articulaciones y contribuyen así al desarrollo total del cuerpo.

El trabajo con mancuernas es seguro y difícilmente dañan un músculo aun cuando se usen inadecuadamente. Sin embargo, hay que hacer los ejercicios correctamente, tal como se indica en el capítulo correspondiente, concentrándose en el ejercicio y en su realización correcta.

El banco de ejercicios es una banca estrecha y firme, con una estructura de metal, con un respaldo inclinable y un asiento pequeño ligeramente acojinados.

No se trata de que, para iniciar sus ejercicios, compre gran cantidad de equipo, ni mucho menos el último grito de la moda en aparatos, que le servirán de muy poco. Basta con lo que arriba indicamos.

CALENTAMIENTO

Aunque la intensidad inicial que se recomienda en los ejercicios para cada parte del cuerpo es baja, se recomienda siempre hacer ejercicios de calentamiento para aflojar el cuerpo y las articulaciones, antes de iniciar la sesión de pesas.

REGISTRO DE EJERCICIO, PARTE BAJA DEL CUERPO

Ejercicio							Fecha:			
Día	de 06	Inicio:		Término:			Tiempo:			

PARTE INFERIOR DEL CUERPO		PLAN				ACTUAL			
Músculos	Ejercicios	1 R	2 P	3 M	4 I	1 R	2 P	3 M	4 I
CUADRÍCEPS		12		1	50				
		10		1	60				
		8		1	70				
		6		1	80				
Intensidad alta		12		0	90				
Intensidad máxima		12		2	100				
CORVAS		12		1	50				
		10		1	60				
		8		1	70				
		6		1	80				
Intensidad alta		12		0	90				
Intensidad máxima		12		2	100				
PANTORRILLA		12		1	50				
		10		1	60				
		8		1	70				
		6		1	80				
Intensidad alta		12		0	90				
Intensidad máxima		12		2	100				
ABDOMEN		12		1	50				
		10		1	60				
		8		1	70				
		6		1	80				
Intensidad alta		12		0	90				
Intensidad máxima		12		0	100				

1 Repeticiones   2 Peso en libras   3 Minutos de reposo   4 Intensidad

REGISTRO DE EJERCICIO, PARTE ALTA DEL CUERPO

Ejercicio							Fecha:			
Día	de 06	Inicio:		Término:			Tiempo:			

PARTE SUPERIOR DEL CUERPO		PLAN				ACTUAL			
Músculos	Ejercicios	1 R	2 P	3 M	4 I	1 R	2 P	3 M	4 I
PECHO		12		1	50				
		10		1	60				
		8		1	70				
		6		1	80				
Intensidad alta		12		0	90				
Intensidad máxima		12		2	100				
HOMBROS		12		1	50				
		10		1	60				
		8		1	70				
		6		1	80				
Intensidad alta		12		0	90				
Intensidad máxima		12		2	100				
ESPALDA		12		1	50				
		10		1	60				
		8		1	70				
		6		1	80				
Intensidad alta		12		0	90				
Intensidad máxima		12		2	100				
TRÍCEPS		12		1	50				
		10		1	60				
		8		1	70				
		6		1	80				
Intensidad alta		12		0	90				
Intensidad máxima		12			100				
BÍCEPS		12		1	50				
		10		1	60				
		8		1	70				
		6		1	80				
Intensidad alta		12		0	90				
Intensidad máxima		12			100				

1 Repeticiones   2 Peso en libras   3 Minutos de reposo   4 Intensidad

Ejercicio Aeróbico

EFECTIVO

D ENTRO DE ESTE PROGRAMA DE EJERCICIOS SE INCLUYEN TRES SESIONES SEMANARIAS DE EJERCICIOS AERÓBICOS, INTERCALADAS ENTRE LAS TRES SESIONES DE EJERCICIOS CON PESAS.

¿QUÉ ES AERÓBICO?

Aeróbico significa que necesita oxígeno, que requiere aire. Aplicado al ejercicio de los músculos quiere decir que al hacerse requiere y consume oxígeno, de manera que al ejecutarse se respira profundamente por periodos relativamente largos, como al trotar o correr.

Entre los ejercicios llamados aeróbicos están la danza aeróbica, el trotar y correr, la bicicleta exterior, la bicicleta fija, la natación, el alpinismo, la caminata aeróbica, el *squash*, los aparatos estacionarios, como caminadoras y corredoras. En esta clase de ejercicio también se incluye el tenis pero sólo el de competencia.

Si a los ejercicios aeróbicos no se les incluye el concepto de intensidad máxima, ocurre que al poco tiempo de hacerlos al mismo nivel, el cuerpo se acostumbra a ellos y entonces ocurre muy poco cambio.

De ahí que esas largas y aburridas sesiones de ejercicios aeróbicos, del tipo que miles de personas realizan semana tras semana, después de un año de hacerlas no producen cambios en quienes las practican.

EJERCICIOS AERÓBICOS CON INTENSIDAD MÁXIMA

Se han buscado diversas alternativas que hagan más eficientes estos ejercicios, opciones que produzcan máximos resultados en el tiempo mínimo.

Una de ellas incorpora los esfuerzos de intensidad máxima y el índice de intensidad, que hagan de los ejercicios aeróbicos normales, unos ejercicios evolutivos y autorregulados. Para realizarlos no importa la condición física inicial del practicante.

El ejercicio aeróbico con el concepto de intensidad máxima quema la grasa de manera más efectiva que el ejercicio convencional plano.

En los ejercicios aeróbicos con el concepto de intensidad máxima la mayoría de las calorías se quemarán una hora después de los ejercicios, si no se come nada durante esa hora.

Para mayor eficacia en la quema de grasa conviene hacer estos ejercicios por la mañana, antes de desayunar, después del ayuno de muchas horas de la noche, cuando se quema la grasa tres veces más aprisa que si se hicieran por la tarde.

Lo mismo sucede con las pesas: la pérdida de grasa es mucho mayor por las mañanas, cuando se tiene el estómago vacío.

SESIONES DE EJERCICIO AERÓBICO

Estos ejercicios aeróbicos con el concepto de intensidad máxima se realizan tres veces a la semana, en días alternos a los ejercicios con pesas, durante 25 minutos, no más, no menos.

Elija un ejercicio, como caminata aeróbica, trotar, correr, andar en una bicicleta o una caminadora o corredora fija. Si quiere, puede cambiar de ejercicio cada sesión, para tener mayor variedad o continuar con el mismo durante todo el proceso.

El ejercicio aeróbico con el concepto de máxima intensidad, cambia de intensidad prácticamente cada minuto.

EJERCICIO AERÓBICO EFECTIVO

Se inicia con una fase de dos minutos de una intensidad de 50. Si usted no practica ejercicio regularmente, puede alcanzarlo simplemente al caminar. Pero si ya lleva un buen tiempo ejercitando mucho, para su nivel 50 puede necesitar un trote fuerte. Lo importante es que su nivel 50 sea su nivel 50, de acuerdo con su condición física al inicio del programa y durante él.

Después de dos minutos bajo el nivel 50, se debe pasar al nivel de intensidad 60, que se mantiene por un minuto, para luego aumentar al nivel 70 durante otro minuto, antes de pasar al nivel 80 en el que se permanece por otro minuto, para luego tomar el nivel 90 por un minuto más y enseguida descender hasta el nivel 60, con un esfuerzo relativamente moderado por un minuto.

Así se repite el proceso cuatro veces, hasta que en el quinto ciclo, en el minuto 22, no se detiene en el nivel 90, sino que se pasa al nivel 100 de intensidad máxima o por lo menos se trata de pasar, durante un minuto y luego se regresa por dos minutos más, en el minuto 24 y 25, al nivel de intensidad 50.

La hoja de registro muestra minuto a minuto los cambios en los niveles de intensidad.

En cada sesión de estos ejercicios aeróbicos se tiene una experiencia de intensidad máxima en el penúltimo minuto, pero cada sesión debe tratar de alcanzar niveles de ejecución más altos o se quedará en la zona del confort y su cuerpo no se verá forzado a adaptarse y cambiar.

Si usted se estanca en la comodidad no obtendrá resultados. Eso les pasa a muchas personas que siguen ejercicios autolimitantes, que no tienen un plan para mejorar constantemente y se quedan en cierto nivel, sin evolucionar.

Si aplica el nivel de intensidad adecuadamente en el levantamiento de pesas y en los ejercicios aeróbicos, nunca alcanzará el límite, porque siempre se podrá mover a niveles más y más altos, estimulando sus músculos a la vez que pierde grasa y se siente mejor.

REGISTRO DE EJERCICIO AERÓBICO

Ejercicio				Fecha:	
Día de 06	Inicio:		Término:	Tiempo:	

EJERCICIO AERÓBICO	PLAN		ACTUAL	
Ejercicio	Minuto a minuto	Intensidad	Minuto a minuto	Intensidad
	1	50	1	
	2	50	2	
	3	60	3	
	4	70	4	
	5	80	5	
Intensidad alta	6	90	6	
	7	60	7	
	8	70	8	
	9	80	9	
Intensidad alta	10	90	10	
	11	60	11	
	12	70	12	
	13	80	13	
Intensidad alta	14	90	14	
	15	60	15	
	16	70	16	
	17	80	17	
Intensidad alta	18	90	18	
	19	60	19	
	20	70	20	
	21	80	21	
Intensidad alta	22	90	22	
Intensidad máxima	23	100	23	
	24	50	24	
	25	50	25	

ALIMENTACIÓN APROPIADA

PARA EL EJERCICIO

En este capítulo se trata de la alimentación durante el régimen de ejercicio propuesto.

MÁS NUTRIENTES

Una persona que hace ejercicios ya sea nadar, correr, o hacer pesas necesita más nutrientes que una persona pasiva, sedentaria.

Sin embargo, muchas personas no están enteradas de esta necesidad y sin hacer nada de ejercicio comen mucho o, para perder grasa, disminuyen su alimentación cuando empiezan a hacer ejercicio.

En realidad cuando se hace ejercicio, particularmente si es intenso, aunque breve, será necesario alimentarse bien, con los nutrientes adecuados.

Si no se alimenta bien, la mejora de su cuerpo y su sensación de bienestar, difícilmente se logrará, porque no consume los nutrientes adecuados.

Es más, puede llegar hasta perder la salud si su cuerpo no dispone de los nutrientes necesarios para recuperarse del ejercicio.

NO RESTRINJA SU ALIMENTACIÓN

Uno de los errores más graves de quienes tratan de perder peso y mejorar su bienestar, es restringir severamente su alimentación. Eso no funciona, sino que perjudica.

Si una persona pretende morirse de hambre para eliminar la grasa que no quiere, está metido en una batalla que no podrá ganar. Efectivamente perderá grasa, pero también perderá tejido muscular. Generalmente la mitad de los kilos que se quita son de músculo.

Es más, se sentirá cansado, irritable y estará más expuesto a enfermarse, pues su sistema inmune se debilitará. Si se disminuye radicalmente la alimentación desarrollará deficiencias nutricionales que harán que su organismo no funcione bien.

Cuando se baja demasiado la cantidad de alimento a la que se está habituado, suena una alarma de emergencia que le pide comer, comer, comer y entonces es cuando se pone a engullir todo lo que se encuentre.

Cuando se deja la dieta, pues siempre se acaba por hacerlo, se vuelve a ganar grasa y tal vez hasta más de la que tenía. Esto es muy frecuente cuando se hace una dieta baja en calorías, a la que también se denomina como la dieta de "yoyo" o rebote, puesto que baja, pero vuelve a subir de inmediato.

La clave está en perder grasa pero sin perder músculo, al mismo tiempo que se tiene mayor fuerza y una sensación de bienestar.

Lo que necesita es iniciar el programa de ejercicios y alimentarse con suficiente comida de calidad para tener mejor cuerpo.

MÁS COMIDAS AL DÍA

Es más, hay que comer más frecuentemente, más seguido, para que no se encienda la alarma del hambre. El lapso entre una comida y otra, cuando sólo se hacen tres, es demasiado largo, por eso hay programas que proponen hacer cinco a seis comidas en lugar de tres, una cada dos o tres horas, claro que menos cantidad de alimento en cada una.

| 08:00 hrs | 11:00 hrs | 14:00 hrs | 17:00 hrs | 20:00 hrs |

Cuando se come cada pocas horas se tiene más energía, menos apetito, menos molestias en el estómago, mayor sensación de bienestar y menos abdomen. Al comer más seguido se crea un ambiente metabólico que soporta la pérdida de grasa y el aumento de músculo.

ALIMENTACIÓN BALANCEADA DE PROTEÍNAS Y CARBOHIDRATOS

Desde hace años han surgido dietas o maneras diferentes de comer bien. Sin embargo, no hay una manera universal de alimentarse bien, aunque sí ciertos principios básicos que indican que nuestros cuerpos trabajan mejor con una dieta balanceada de proteínas, carbohidratos y algunas grasas.

Sin embargo, si se trata de perder grasa y aumentar músculo, la alimentación correcta es una baja en grasas y alta en proteínas y carbohidratos, es decir, una dieta equilibrada en proteínas y carbohidratos.

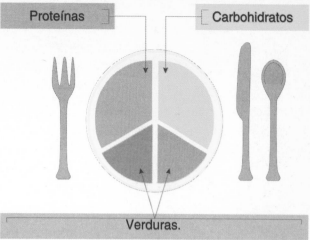

Proteínas · Carbohidratos · Verduras.

Las proteínas son esenciales para tener músculos sanos, mantener fuerte el sistema inmune y estabilizar la insulina, una hormona que contribuye a llevar los nutrientes en la sangre y mantener niveles de energía estables. La proteína también tiene un efecto térmico, y contribuye a controlar el apetito.

Pero lo más importante en el programa de ejercicio es que las proteínas en la alimentación contribuyen a la reconstrucción y crecimiento de los músculos. Los músculos son proteínas, de manera que son indispensables para su transformación.

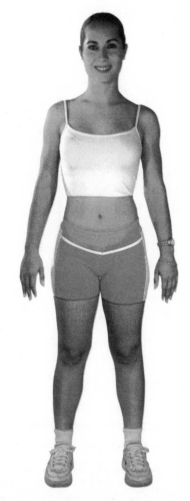

Los carbohidratos proporcionan la energía, el combustible para que trabajen los músculos y se queme la grasa. Sin carbohidratos no se podrían realizar los ejercicios con la intensidad requerida. No todos los carbohidratos son recomendables para su nutrición durante los ejercicios, como son aquellos de asimilación muy rápida, tales como los azúcares y la miel.

La comida diaria debe incluir raciones balanceadas de proteína y carbohidratos, además de vitaminas, minerales y agua.

La proteína está contenida principalmente en la carne y en algunas leguminosas. Los carbohidratos o azúcares los proporcionan los almidones, como papas, pastas, leguminosas y frutas, en tanto que los minerales y las vitaminas provienen de las verduras, aunque también los contienen las frutas.

SUPLEMENTOS VITAMÍNICOS Y MINERALES

Las verduras que comemos no siempre contienen todos los nutrientes necesarios, de manera que hay que ayudarse con un complemento diario de vitaminas y minerales, los mejores que encuentre a un precio accesible.

AGUA

Un músculo saludable está constituido en más de 70 % de agua, además de que ésta es esencial para transportar los nutrientes y tiene un papel muy importante en el metabolismo.

Si se toma menos agua de la necesaria, el transporte de los nutrientes será deficiente y si es demasiado lento, conducirá a la acumulación de amoniaco y ácido úrico en el cuerpo.

Tomar agua ayuda a controlar el apetito. Tómala antes y después de los alimentos y mucha, varios vasos entre una comida y otra.

PORCIONES DE ALIMENTO

Para facilitar el balance de su alimentación durante el periodo de ejercicio y aun después, vamos a hablar de porciones. Una porción es más o menos lo que le cabe en su mano, por ejemplo, una papa.

En cada alimento debe haber una porción de proteínas, una de carbohidratos y una con dos verduras.

GRASAS TOLERADAS

Hay que disminuir las grasas, sobre todo las de origen animal, como la grasa de la carne o la de leche, que conviene excluir de su alimentación.

Las grasas que se pueden consumir, pero en poca cantidad, son las de origen vegetal, como los aceites de oliva, maíz, cártamo, ajonjolí, que se pueden emplear para condimentar ensaladas o para guisar algunos alimentos.

Una grasa que se puede consumir, sin problema, aunque moderadamente, es la del aguacate.

ALIMENTOS RECOMENDADOS

En la primera columna de la lista se enumeran los alimentos proteínicos que se recomiendan y en la segunda columna se indican los carbohidratos. Aquellos que no aparecen allí debe suponerse que no son convenientes y, por tanto, se deben evitar.

Finalmente, en la tercera columna se indican las verduras, que no todas son verdes, pero todas muy sanas. Recuerde que lo mejor es tomar porciones, lo que cabe en su mano, con dos verduras diferentes.

LISTA DE ALIMENTOS PARA COMBINAR

UNA PORCIÓN DE PROTEÍNA	UNA PORCIÓN DE CARBOHIDRATOS	UNA PORCIÓN DE DOS VERDURAS
Pollo	Camote	Acelga
El pollo entero horneado en casa	Nabo	Ajo
Higaditos de pollo	Papa	Alcachofa
Pechuga sin pellejo	Salsifí	Angú
Pierna y muslo sin pellejo	Elote	Apio
Pollo sin grasa	Arroz	Betabel
Pavo	Arroz integral	Brócoli
Pavo sin grasa	Arroz salvaje	Calabacita
Pescado	Avena	Cebolla
Atún en agua enlatado	Cebada	Chayote
Camarones	Frijoles	Chícharos
Cocteles de mariscos	Garbanzos	Chilacayotes
Filetes de pescado	Habas	Chiles poblanos
Pescado entero	Lentejas	Col morada
Salmón sin aceite	Maíz para pozole	Col verde
Sardinas no en aceite	Pan integral	Coles de Bruselas
	Tortillas de maíz	Coliflor
Carne de res	Tortillas de harina árabes	Ejotes
Aguayón guisado	Tortillas de harina norteñas	Espárrago
Carne de res sin grasa	Pasta	Espinaca
Cecina de res	Yogurt sin grasa o descremado	Hongos o champiñones
Falda guisada o deshebrada	Frutas	Huauzontle
Filete	Aguacate	Jícama
Machaca de res	Lima, mandarina, naranja, toronja	Jitomate
Molida sin grasa	Chicozapote, zapote prieto y blanco	Lechuga
Tampiqueña	Chirimoya, mamey, guanábana	Nopales
Viscéras de res	Ciruela	Pepino
Hígado	Durazno	Rábanos
Riñones	Fresas, zarzamoras y frambuesas	Romeritos
Puerco	Guayaba	Salsas de chile
Carne de puerco sin grasa	Higo	Tomate verde
Jamón sin grasa	Mango	Verdolagas
Lomo	Manzana	Zanahoria
Huevo (claras)	Melón	
Queso cottage **o requesón**	Pera	
Carne de soya	Piña	
	Plátanos	
	Sandía	

Se trata de que en cada una de sus seis comidas diarias, usted tome tres porciones: una con proteína, una de carbohidratos y otra de dos verduras.

El pollo muchas veces es grasoso, de modo que al comerlo habrá que eliminar la grasa o solamente comer partes que no la contienen, como la pechuga.

El pescado es una excelente proteína que no contiene grasa, con excepción de los pescados de aguas muy frías, que sí tienen algo de grasa, como el arenque.

La carne de res debe ser sin grasa, por lo que hay que comer sólo las partes magras. Hay que evitar las costillas, la arrachera y algunos cortes americanos que contienen grasa.

La carne de cerdo es en general grasosa, pero el lomo lo es menos, al igual que algunos jamones, de modo que sólo esos dos productos del cerdo se recomendarían.

El huevo es una magnífica proteína, pero hay que comerlo como lo hacen los atletas, sin yemas. Haga una ración de tres huevos, uno con yema y dos sin yema.

El queso *cotagge* o tipo *cotagge*, sin grasa es otra excelente fuente de proteína, muy fácil de preparar, porque nada más se sirve y ya. Este queso es el único permitido, todos los demás son quesos con grasa y grasa de origen animal, de manera que hay que evitarlos, al igual que la mantequilla o la margarina.

Entre los carbohidratos se han incluido aquellos cuya asimilación de los azúcares es más lenta, de manera que su organismo disponga de ella poco a poco y no de golpe, como lo sería con un poco de miel de abeja o una botella de refresco con azúcar que se asimilan de inmediato.

Las papas no deben ser fritas porque se vuelven más grasa que carbohidratos. Pueden comerse cocidas, horneadas, en puré, sin leche ni mantequilla, y de muchas otras maneras en las que se evite la grasa.

Es preferible consumir el arroz integral que venden en las tiendas naturistas al arroz común, ya sin su delgada cáscara.

La avena en hojuelas que se prepara en tres a cinco minutos es excelente muy sabrosa con poco de edulcorante artificial y canela en polvo.

Frijoles, habas, garbanzos y lentejas son excelentes carbohidratos, que además tienen un contenido importante de proteínas, por lo que son muy recomendables, junto con el maíz pozolero y los elotes.

El pan conviene que sea integral. Evite el pan blanco y por supuesto cualquier bizcocho o pan dulce.

No abuse de las tortillas de maíz y menos aun de las tortillas norteñas de harina.

La pasta está permitida, pero sus platos de espagueti deberán ser una porción, aquello que le cabe en la mano y no con la abundancia con que solía servirse.

Poco   Bien   Mucho

Aquí el yogurt se incluye como carbohidrato, aunque también contiene una buena cantidad de proteína. Escoja el aquel que esté libre de grasa, hecho con leche descremada.

Las frutas contienen azúcares iguales a los que consumen nuestros músculos, por lo que resultan un carbohidrato excelente. Sin embargo, evite las naranjas y las uvas por ser demasiado ricas en azúcares.

Las verduras, siempre dos o más en una porción, como puede ser el caso de las ensaladas, constituyen la parte más larga de nuestra lista.

Los chiles son bienvenidos, ya sean verdes o secos, solos, en salsa, en adobo o en mole, pero sin grasa.

La comida no tiene porqué ser desabrida, aunque se prefiere la preparada de manera que se digiera fácilmente.

El domingo, día libre para los ejercicios, también es libre para la comida: se puede comer lo que quiera, sin ninguna restricción.

ALGUNOS EJEMPLOS

Un pozole de pollo contiene proteínas en el pollo, carbohidratos en el maíz, y verduras en el recaudo de lechuga, cebolla, rábanos y otros aderezos que se le ponen, junto con el chile en polvo.

Se recomienda dos tostadas de tortillas horneadas (carbohidrato), no fritas, con una capa de frijoles molidos (carbohidrato), no refritos, pollo, salpicón, pescado o marisco, (proteína) con aderezo de lechuga, jitomate, col y chiles en vinagre y queso *cotagge*, en lugar de crema (proteína).

Simplemente un plato de frijoles de olla con una ración de queso *cotagge* y unas rebanadas de chiles serranos contiene los tres grupos de alimentos.

Igualmente se recomienda un espagueti (carbohidrato) con salsa boloñesa que está preparada por picadillo de carne (proteína) con jitomate y albahaca como condimento.

Descripción de los Ejercicios con pesas

LOS EJERCICIOS CON PESAS QUE ENSEGUIDA SE DESCRIBEN ESTÁN AGRUPADOS SEGÚN LOS MÚSCULOS QUE SE EJERCITAN. EN REALIDAD MUEVEN Y TRABAJAN OTROS MÁS, PERO PONEN ÉNFASIS EN ALGUNO DE ELLOS, LOS MÁS SUPERFICIALES Y, POR TANTO, LOS QUE MÁS SE VEN.

PRINCIPALES MÚSCULOS QUE SE EJERCITAN

Los principales músculos que se ejercitan con las rutinas que se describen a continuación son los siguientes:

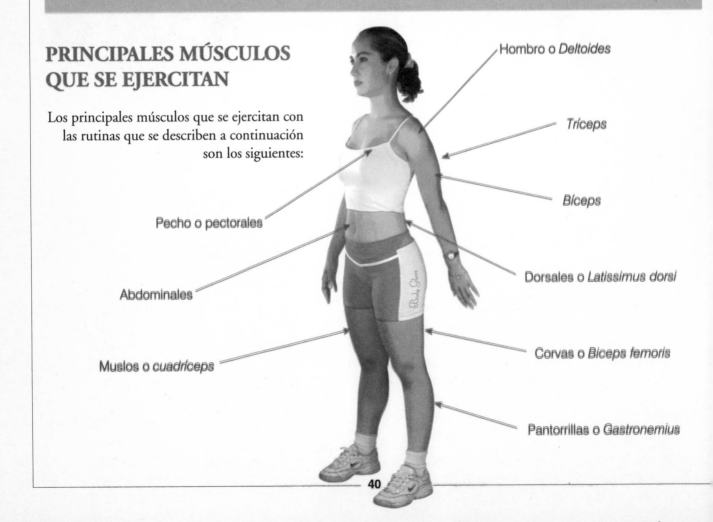

Hombro o *Deltoides*

Triceps

Biceps

Pecho o pectorales

Dorsales o *Latissimus dorsi*

Abdominales

Corvas o *Biceps femoris*

Muslos o *cuadriceps*

Pantorrillas o *Gastronemius*

EJERCICIOS PARA DESARROLLAR EL PECHO

Los principales músculos del pecho son los pectorales mayores y menores que lo cruzan desde el esternón hasta el brazo, entre la clavícula y donde termina el esternón. Los ejercicios del pecho contribuyen a desarrollar los músculos pectorales y entre las mujeres a refirmar y construir los músculos de la línea del busto.

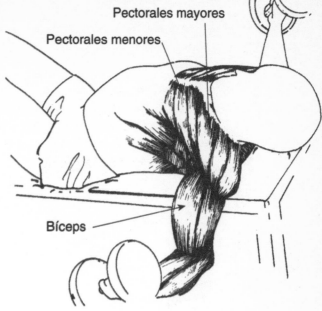

Pectorales mayores

Pectorales menores

Bíceps

Press con barra al pecho

Posición inicial

Acuéstese en una banca de ejercicio con sus pies ligeramente más abiertos que sus hombros, con sus plantas bien firmes sobre el piso. Tome una barra con un agarre mayor que el ancho de sus hombros y levantela justo arriba de la mitad de su pecho, mantenga sus codos firmes.

Ejercicio

Baje el peso lentamente hasta hacer contacto con la parte media de su pecho, sin apoyar la barra sobre él. Después de una pausa, sin levantar las caderas de la banca, lleve otra vez las pesas hacia arriba y sosténgalas así, con sus codos estirados, hasta contar uno y repetir el ejercicio.

PRESS CON MANCUERNAS

Posición inicial y final

Recueste la espalda sobre un banco de ejercicio, con una mancuerna en cada mano. Lleve las pesas a un punto justo arriba de sus hombros, con las palmas viendo a sus pies y los codos fuera del banco.

Ejercicio

Inpulse el peso hacia arriba, recto, sin bambolear las mancuernas, hasta que, con sus brazos estirados, las mancuernas quedan a la altura de su clavícula, no sobre la cara ni sobre el ombligo. Entonces, lentamente bájelas al punto inicial, sintiendo el estirón en los músculos del pecho conforme sus codos rebasan el nivel de la banca.

Durante el ejercicio no despegue su cabeza de la banca.

PRESS INCLINADO CON MANCUERNAS

Posición inicial y final

Recuéstese, bien apoyado, en un banco de ejercicio inclinado, con una mancuerna en cada mano con sus palmas viendo hacia el frente. Luego, una primero y la otra después, colóquelas a la altura de sus hombros. No coloque la banca demasiado inclinada, porque entonces trabajará más sus hombros que su pecho.

Ejercicio

Levante, las pesas, a un punto entre sus hombros y la parte superior de su pecho. Sosténgalas allí hasta la cuenta de uno, luego tome aire profundamente y empiece a bajarlas lentamente hasta la posición inicial. Sostenga las pesas en la posición de abajo por la breve cuenta de uno, exhale y vuélvalas a levantar.

CRISTOS

Posición inicial

Acuéstese en un banco de ejercicio con sus caderas y espalda descansando bien sobre él, con sus pies firmes sobre el suelo y una mancuerna en cada mano. Enseguida eleve las mancuernas arriba de su pecho con los brazos estirados y las palmas de sus manos, viendo una a la otra. Sosténgalas allí firmemente.

Ejercicio

Con sus codos ligeramente flexionados, lentamente baje las mancuernas hacia los lados en un arco tan amplio como pueda, con sus palmas viendo hacia arriba, hasta llegar a la misma altura que la banca, sin tratar de pasar más abajo, porque hará mucha presión en sus hombros. Ya que llegó con las mancuernas a los lados de la banca sosténgalas allí mientras cuenta hasta uno y exhala el aire de sus pulmones mientras levanta nuevamente las pesas. Mantenga sus brazos estirados, apenas flexionando ligeramente los codos.

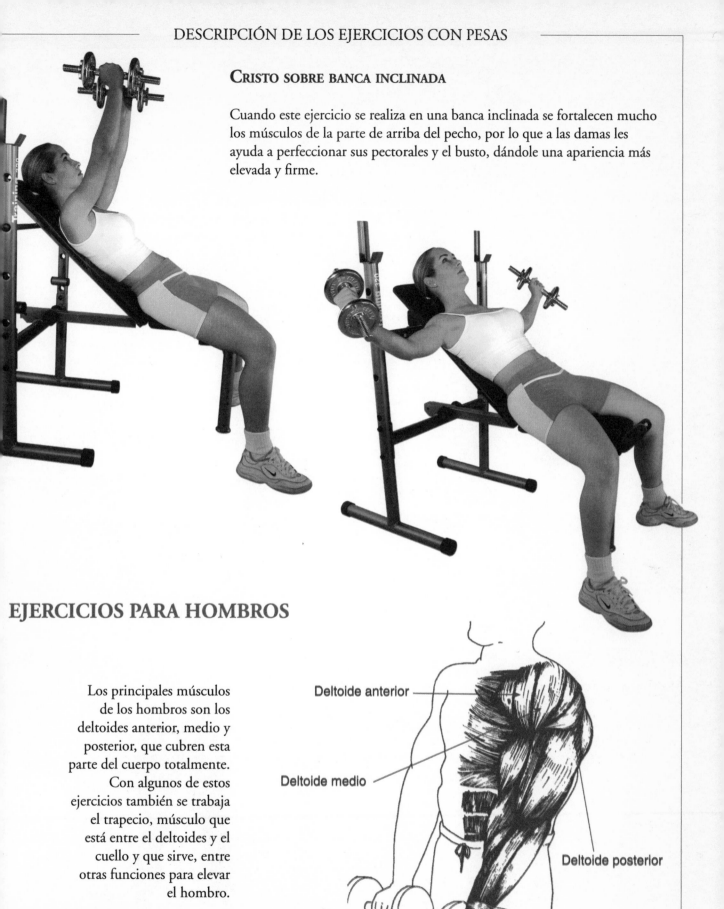

CRISTO SOBRE BANCA INCLINADA

Cuando este ejercicio se realiza en una banca inclinada se fortalecen mucho los músculos de la parte de arriba del pecho, por lo que a las damas les ayuda a perfeccionar sus pectorales y el busto, dándole una apariencia más elevada y firme.

EJERCICIOS PARA HOMBROS

Los principales músculos de los hombros son los deltoides anterior, medio y posterior, que cubren esta parte del cuerpo totalmente. Con algunos de estos ejercicios también se trabaja el trapecio, músculo que está entre el deltoides y el cuello y que sirve, entre otras funciones para elevar el hombro.

Deltoide anterior

Deltoide medio

Deltoide posterior

Press DE PIE CON BARRA

Posición inicial

Párese con sus pies separados a una distancia del ancho de su hombros. Conservando su espalda recta, no arqueada, doble sus rodillas ligeramente para tomar la barra con un agarre apenas más abierto que el ancho de sus hombros. Estire sus piernas y levante la barra justamente arriba de la clavícula, con las palmas de sus manos viendo hacia adelante.

Ejercicio

Levante la barra, hasta que sus brazos estén totalmente extendidos sobre su cabeza. Haga una pausa para contar uno, y entonces, baje el peso lentamente a la posición de inicio. Cuente hasta uno e inicie la repetición.

No arquee su espalda ni la incline hacia atrás conforme empuja el peso sobre su cabeza, porque pondrá demasiada tensión sobre la parte baja de su espalda que puede causar una lesión.

PRESS SENTADO CON MANCUERNAS

Posición inicial

Siéntese en el extremo de una banca de ejercicio con sus pies bien apoyados sobre el piso. Tome una mancuerna en cada mano y llévela a la altura de sus hombros, con las palmas viendo hacia el frente.

Ejercicio

Empuje las mancuernas hacia arriba de manera que casi se toquen arriba de su cabeza y sus brazos queden estirados con sus codos firmes. Cuente hasta uno y lentamente baje las mancuernas a la posición inicial. Mientras hace el ejercicio debe mirar al frente, con la barbilla levantada, hombros rectos y pecho elevado.

Al levantar las mancuernas no permita que las pesas se bamboleen hacia atrás o adelante; tampoco incline su cabeza hacia atrás.

ELEVACIÓN LATERAL CON MANCUERNAS

Posición inicial

Tome un par de mancuernas de manera que cuelgue una a cada lado de su cuerpo, con las palmas de su mano viendo hacia adentro. Luego párese derecho, con sus pies separados el ancho de sus hombros.

Ejercicio

Con sus brazos rectos, levante las pesas a los lados, hasta que las mancuernas lleguen al nivel de su barbilla, sin inclinarse hacia atrás o hacia adelante, ni columpiar los brazos al elevarlos. Mantenga las mancuernas allí hasta la cuenta de uno. Luego, bájelas lentamente a la posición inicial. No las deje nada más caer, sino que haga el arco con sus brazos estirados a sus costados. Mientras levanta las mancuernas, las palmas de sus manos deben quedar hacia abajo, para que sus hombros, más que sus bíceps realicen el trabajo

HOMBRO FRONTAL CON MANCUERNAS

Posición inicial

Párese con los pies ligeramente separados, con una mancuerna en cada mano con sus palmas hacia atrás.

Ejercicio

Lentamente levante el brazo derecho estirado haciendo un gran arco al frente, hasta que la mancuerna quede a la altura de su cara. Allí sostenga la mancuerna hasta la cuenta de uno y comience a descender lentamente con el brazo estirado trazando el arco en dirección inversa. Ahora haga el ejercicio con el brazo izquierdo y luego con el derecho, alternando.

MARIPOSAS DE PIE

Posición inicial

Tome una mancuerna en cada mano y párese con sus pies separados al ancho de sus hombros. Luego, doble la cintura hacia adelante, de manera que la parte superior de su cuerpo quede paralela con el piso, mientras deja que sus brazos cuelguen rectos, hacia abajo, con las palmas de sus manos viendo una a la otra.

Ejercicio

Levante las mancuernas a los lados, haciendo un arco elevando sus brazos a la altura de su espalda, como si fuera a volar, mirando hacia adelante, sin levantar el torso. Después de una pausa para contar uno, lentamente, baje las pesas a la posición inicial. Mientras hace el movimiento no incline su cuerpo demasiado ni encorve la espalda.

MARIPOSAS SENTADO

Posición inicial

Siéntese en el borde de una silla o banca con una mancuerna en cada mano. Doble su tronco hacia adelante hasta que casi toque sus rodillas. Coloque las mancuernas atrás de sus talones.

Ejercicio

Abra los brazos en un arco, con sus codos ligeramente fexionados. Sin enderezarse, suba las mancuernas lentamente hasta que lleguen a la altura de sus hombros. Sosténgase allí hasta la cuenta de uno y lentamente regrese sus brazos hasta la posición inicial.

EJERCICIOS PARA LOS MÚSCULOS DE LA ESPALDA

Los ejercicios para la espalda contribuyen al fortalecimiento de los músculos que cubren la espalda desde el cuello hasta donde terminan las costillas, como son el trapecio y los *Latissimus dorsalis*, que cubren casi toda la parte posterior y los costados de la caja de las costillas.

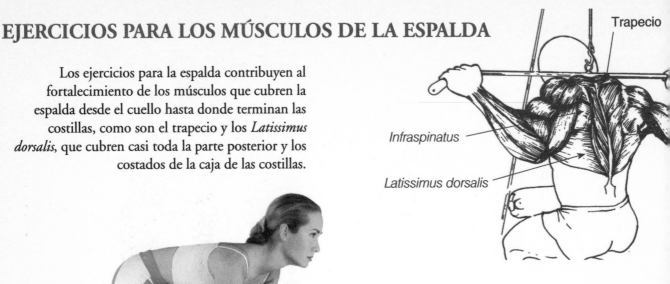

JALÓN DORSAL CON MANCUERNA

Posición inicial
Apoye su rodilla izquierda sobre el banco de ejercicios, mientras su pie derecho queda firme en el piso, para que pueda inclinar su torso hacia adelante, descansándolo sobre su mano izquierda apoyada en el otro extremo del banco, de tal modo que su espalda quede paralela al suelo.

De su mano derecha deje que cuelgue una mancuerna, mientras usted ve hacia adelante para no encorvar su espalda.

Ejercicio
Jale su codo tan alto como pueda sin encorvar su espalda, de manera que la mancuerna quede, más o menos, a la altura de su torso. Después de que haya elevado la mancuerna todo lo que pueda, bájela, lentamente, a la posición de inicio.

Cuando complete el número de repeticiones que ha planeado para ese brazo, haga el ejercicio con el izquierdo.

PULLDOWNS CON AGARRE INVERTIDO

Posición inicial

Siéntese en una maquina para hacer pulldowns, o "jalar hacia abajo", acomode sus muslos para que queden en su parte superior con un apoyo acojinado que les ajuste bien. Luego, estire los brazos y alcance la barra para tomarla con un agarre tan ancho como sus hombros, mientras las palmas de sus manos ven hacia usted.

Ejercicio

Jale la barra hacia abajo hasta que llegue a la altura de su clavícula, al mismo tiempo que contrae los músculos de su espalda y mantiene sus codos cercanos al torso. Su espalda debe arquearse ligeramente para que su pecho quede alto, su barbilla elevada y los músculos abdominales y de su espalda baja, estén apretados.

PULLDOWNS CON AGARRE ABIERTO

Posición inicial

En el gimnasio siéntese en un aparato para hacer ejercicios de *pulldown* o "jalar hacia abajo", y ajústela para que sus muslos queden con una almohadilla en la parte de arriba. Enseguida, levante sus brazos y tome la barra firmemente con sus manos viendo al frente, a una distancia del doble de sus hombros.

Ejercicio

Jale la barra hacia abajo arqueando su espalda hacia atrás ligeramente, sin que llegue a jalar el peso con ella, hasta que la barra llegue a la altura de sus clavículas, pero sin pasar hasta el esternón, manteniendo sus codos siempre abajo de la barra. Sostenga la barra a la altura de sus clavículas mientras cuenta hasta uno y entonces, lentamente, deje que regrese a su posición inicial.

PULLOVER CON MANCUERNAS ACOSTADO EN BANCA

Posición inicial

Pullover se podría traducir en este caso como "jalar sobre" o "jalar por arriba", en este caso, por arriba de su cabeza. Para hacer este ejercicio se puede acostar con su espalda atravesada sobre la parte angosta de un banco de ejercicio, de manera que sólo una porción de la parte alta de su espalda quede apoyada en el banco, mientras sus pies, juntos, quedan en el suelo, para soportar el resto del peso. Luego, se toma una mancuerna con las dos manos para, con los brazos estirados lo más posible, levantarla frente a su cara.

Ejercicio

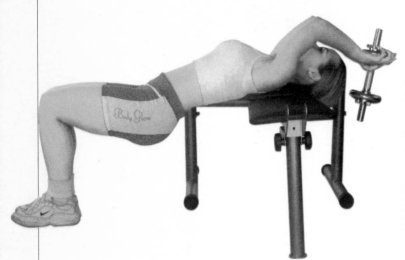

Mientras inhala muy profundamente la mancuerna se lleva hacia atrás, haciendo un arco sobre la cabeza, con los brazos completamente estirados, hasta que no se alcanza más allá. En esa posición se hace una pausa para contar hasta uno y comenzar a levantar la pesa, haciendo el arco en sentido inverso, al tiempo que se saca el aire de los pulmones, hasta llegar a la posición inicial.

Durante todo este ejercicio no se deben elevar las caderas.

PULLOVER CON MANCUERNAS ACOSTADO EN BANCA, OTRA VERSIÓN

Una versión distinta, menos estricta de este ejercicio, se hace acostado a lo largo de la banca, con sus rodillas dobladas y las plantas de sus pies planas sobre la banca. Se toma una mancuerna con las dos manos y se coloca arriba de la cara, con los brazos estirados.

Luego la mancuerna se baja haciendo un arco encima de su cabeza hasta que sus brazos queden totalmente estirados en el punto más bajo que pueda, sin levantar sus caderas. Allí deténgase, cuente hasta uno y comience el movimiento de regreso hasta la posición inicial.

REMO INCLINADO CON LAS PIERNAS FLEXIONADAS

Posición inicial

Párese con los pies separados el ancho de sus hombros. Agáchese y tome la barra con las palmas de las manos viendo hacia usted. Agachado, con la vista al frente, sin que su espalda se arquee deje que el peso de la barra cuelgue en sus brazos. Flexione un poco las rodillas.

Ejercicio

Levante la barra hasta que toque su estómago. Allí sosténgala mientras cuenta hasta uno y comience a bajarla lentamente, sin dejar que toque el suelo. Comience la repetición del ejercicio. Mantenga siempre flexionadas las piernas para que no haga mucho esfuerzo con la parte baja de la espalda, que es muy delicada.

EJERCICIOS PARA TRABAJAR LOS BÍCEPS

Los bíceps son los músculos de la parte frontal del brazo, sirven para flexionarlo y son popularmente conocidos como "conejos". Están formados por dos haces musculares.

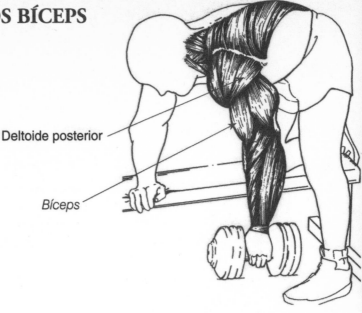

Deltoide posterior

Bíceps

CURL SENTADO CON MANCUERNAS

Posición inicial

Al borde de una banca para hacer ejercicio, siéntese con sus brazos a los lados mientras sostiene una mancuerna en cada mano con sus palmas viendo al frente.

Ejercicios

Inhale profundamente, levante su antebrazo describiendo un arco mientras levanta las mancuernas hacia sus hombros, al tiempo que mantiene su torso y sus brazos quietos, sin bambolear las pesas. Luego, cuente hasta uno y baje las mancuernas lentamente hasta el punto inicial sin inclinar su espalda hacia atrás o adelante, porque disminuirá el esfuerzo de sus bíceps.

CURL **CONCENTRADO**

Posición inicial

Con una mancuerna en su mano derecha, siéntese en un banco con sus pies separados. Doble la cintura para que su codo derecho descanse cerca de su rodilla derecha, sosteniendo la mancuerna que cuelga de su brazo.

Ejercicio

Sin doblar su muñeca levante la mancuerna doblando el codo hasta que casi toque su barbilla. Sostenga allí mientras cuenta hasta uno y comience a bajar lentamente la pesa hasta la posición inicial.

Cuando termine las repeticiones con ese brazo siga con el otro.

CURL INCLINADO CON MANCUERNAS

Posición inicial

Curl se puede traducir como rizo o bucle y se emplea para designar ciertos ejercicios en que el antebrazo describe un arco, una onda, un rizo. Para hacer el *curl* inclinado con mancuernas hay que sentarse en una banca con el respaldo inclinado, donde apoye firmemente sus hombros rectos y quede con el pecho elevado, sosteniendo una mancuerna en cada mano, las que, en la posición inicial, deberán colgar hacia abajo, con sus palmas al frente.

Ejercicio

Levante las mancuernas hasta sus hombros haciendo un arco con sus antebrazos mientras mantiene su espalda plana contra la banca, de manera que ahora las palmas de sus manos verán hacia atrás. Después de contar hasta uno, baje lentamente las pesas haciendo el arco de regreso hasta que sus brazos vuelvan a colgar rectos hacia abajo y haya tenido un estirón completo de los bíceps antes repetir el movimiento de regreso.

No incline el torso porque tenderá a columpiar los antebrazos al subir las mancuernas.

CURL DE MARTILLO

Posición inicial

Tome una mancuerna en cada mano con sus brazos extendidos hacia abajo, a sus costados, con las palmas de sus manos viendo hacia sus muslos y párese con sus pies separados al ancho de sus hombros, con su pecho erguido, su espalda recta y su barbilla elevada.

Ejercicio

Haciendo un arco con sus antebrazos, como quien levanta un martillo para clavar, levante las mancuernas hasta sus hombros. Al levantarlas mantenga sus músculos abdominales tensos, no mueva de lugar su torso ni sus brazos. Al llegar arriba cuente hasta uno y comience a bajar las mancuernas lentamente haciendo el arco en sentido inverso, hasta que llegue a la posición inicial.

Mientras sube y baja las mancuernas cuide de que las palmas de sus manos miren una a la otra y no hacia abajo.

CURL ESTRICTO CON BARRA

Posición inicial

Con sus pies abiertos a la amplitud de su espalda, párese con su pecho elevado, sus hombros rectos y su barbilla ligeramente levantada, mientras sostiene una barra con sus brazos estirados hacia abajo, a la altura de sus muslos, con sus manos separadas al ancho de sus hombros y las palmas viendo adelante. Sus manos no deben tomar la barra más separadas una de otra, no más juntas, porque en ambos casos sus muñecas estarán bajo demasiada presión.

Ejercicio

Levante la barra haciendo un arco o rizo con sus antebrazos, mientras mantiene sus brazos pegados a sus costados, al tiempo que cuida de no inclinar su torso. Al levantar la barra en arco, sus codos no se deben enterrar en sus costillas ni tampoco girar hacia afuera, sino quedarse quietos. Al llegar con la barra a la altura de su cuello, cuente hasta uno y comience el movimiento de descenso controlada y lentamente, haciendo el arco en sentido inverso.

EJERCICIOS PARA TRABAJAR EL TRÍCEPS

El tríceps es un músculo de la parte trasera del brazo con tres haces musculares y que tiene la función contraria del bíceps, es decir, extender el brazo, en lugar de contraerlo.

Tríceps

TRÍCEPS ALTERNADO

Posición inicial

Párese con sus pies ligeramente abiertos y una mancuerna en la mano derecha. Levante su brazo hasta estirarlo totalmente, con su bíceps rozando su oreja.

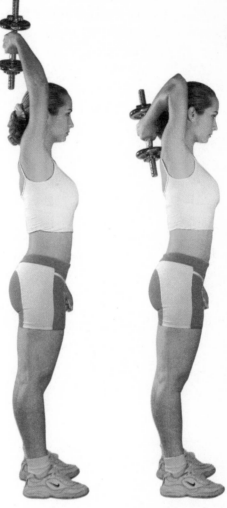

Ejercicio

Sin mover el brazo, baje el antebrazo hasta que toque la parte de atrás de su cuello. Es indispensable que mantenga el bíceps a un lado de su cabeza y que solamente el antebrazo se mueva desde el codo.

Regrese a la posición del principio en su punto más alto. Al terminar las repeticiones con el brazo derecho cambie la mancuerna a la mano izquierda y haga el ejercicio con las mismas instrucciones. Tome aire cuando suba el antebrazo y exhale cuando lo baje.

EXTENSIONES CON MANCUERNA DE PIE

Posición inicial

En este ejercicio se usa una mancuerna con collares que sujeten los pesos firmemente, sin posibilidad alguna de zafarse. Tome un extremo de la mancuerna con sus dos manos con las palmas hacia arriba y colóquela por encima su cabeza con sus brazos lo más estirados posible. Sus pies deberán estar separados al ancho de sus hombros y sus rodillas ligeramente flexionadas.

Ejercicio

Baje la mancuerna atrás de su cabeza doblando los brazos con lentitud, al tiempo que conserva sus codos cerca de sus orejas, apuntando directamente hacia arriba. Al llegar lo más atrás y abajo que pueda, cuente hasta uno y comience a llevar la pesa de regreso, siguiendo un arco hasta que la mancuerna vuelva a estar directamente sobre su cabeza.

Comience por doblar sus brazos lentamente bajando la mancuerna atrás de su cabeza. Mantenga sus codos cerca de su cabeza y apuntando directamente hacia arriba y durante todo el ejercicio mantenga la concentración en sus triceps, no en sus hombros. Baje el peso hasta que sienta que se estiran sus triceps, cuente uno y empuje la pesa de regreso siguiendo un arco, de manera que no golpe la parte de atrás de su cabeza.

PUSHDOWN CON AGARRE CERCANO

Posición inicial

Este ejercicio se hace utilizando un aparato de gimnasio que permite "empujar hacia abajo" o *pushdown*. Tome la barra colocando sus manos con las palmas hacia abajo, separadas una distancia menor que el ancho de sus hombros. Baje la barra para que sus antebrazos queden casi paralelos al suelo, con sus muñecas rectas, sin inclinarse ni hacia arriba o hacia abajo, ni al inicio del ejercicio ni durante él. Para mayor estabilidad párese con los pies separados un poco, las rodillas ligeramente flexionadas, el pecho y la barbilla elevados, los hombros rectos y la mirada al frente. Para evitar que su torso se menee, apriete los músculos abdominales.

Ejercicio

Con sus antebrazos empuje la barra hacia abajo, en un movimiento en arco hacia sus piernas, hasta que sus brazos estén rectos, sus codos amarrados y sienta el estirón del tríceps. Allí debe contar hasta uno para dejar que el peso lentamente regrese a la posición inicial, describiendo un arco con sus antebrazos. Sus brazos, durante el ascenso y el descenso, debe quedar sin moverse, cerca de su cuerpo.

DESCENSOS DESDE LA BANCA

Posición inicial

Este es un ejercicio en el que se usa el peso del cuerpo, en lugar del de las pesas. Colóquese dando la espalda a una banca de ejercicio y haga una especie de sentadilla para que su cuerpo baje y pueda apoyar sus dos manos en el borde. Luego, lleve sus pies un poco al frente, para que se aparten de la banca pero queden juntos, de tal manera que la mayoría de su peso quede descansando en sus brazos estirados. Sus caderas deben quedar bastante cercanas a la banca ya que si la parte superior de su cuerpo queda muy alejada, se producirá demasiada tensión en las articulaciones de sus hombros.

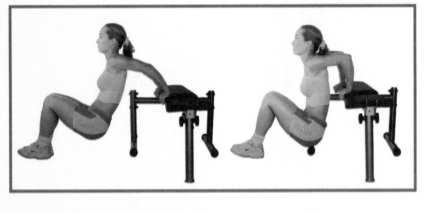

Ejercicio

Lentamente baje sus caderas rectas hacia abajo, al doblar los brazos, hasta que el brazo propiamente dicho, no el antebrazo, quede paralelo al piso. En este movimiento sus caderas no deben llegar al piso porque sus hombros tendrían demasiada tensión. Cuando el antebrazo esté paralelo al piso comience el movimiento de regreso, hasta alcanzar la posición inicial con sus brazos completamente estirados.

EXTENSIONES CON MANCUERNA ACOSTADO SOBRE LA BANCA

Posición inicial

Acuéstese en la banca de ejercicios, sostenga una mancuerna en cada mano. Estire los brazos hacia arriba frente a su cabeza, con las palmas de sus manos viéndose una a la otra.

Ejercicio

Doble sus codos y baje los antebrazos de manera que las mancuernas queden en la línea de sus hombros, no en la de su cabeza, a la vez que sus brazos permanecen quietos, con sus codos apuntando hacia arriba, sin abrirse hacia los lados.

EJERCICIOS PARA LOS CUADRÍCEPS

El cuadríceps es el músculo anterior del muslo formado
por cuatro haces que se reúnen en la rótula.

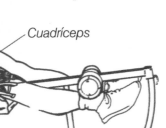

Cuadríceps

SENTADILLA CON BARRA

Posición inicial

Coloque la barra sobre su espalda, no en su cuello, con un
agarre casi el doble del ancho de sus hombros, con sus pies,
éstos sí, separados el ancho de sus hombros.

Ejercicio

Al tiempo que comienza a inhalar profundamente, doble sus
rodillas y lentamente baje sus caderas, recto hacia el piso, hasta
que sus muslos queden paralelos al suelo, mientras mantiene la
espalda tan recta como sea posible, la barbilla levantada y la mirada
al frente. No incline su torso demasiado porque al levantar tendrá
que hacer demasiado esfuerzo con su espalda baja. Al llegar abajo
espere hasta la cuenta de uno y comience a enderezar, presionando
desde sus talones mientras exhala. Si pierde un poco el equilibrio al
hacer el movimiento puede poner una calza de 2 cm de alto o un
par de discos abajo de sus talones.

SENTADILLAS CON MANCUERNAS

Posición inicial

Párese con sus pies separados el ancho de su espalda con una mancuerna en cada mano, con las palmas de viendo hacia adentro, su espalda recta, su vista al frente, la barbilla levantada y el pecho elevado.

Ejercicio

Sostenga las dos mancuernas a sus lados con sus palmas viendo hacia adentro. Párese con sus pies separados el ancho de su espalda. Si tiene problemas con el balance ensaye colocando una calza de madera de dos centímetros o un par de discos bajo sus talones.

Flexione sus piernas mientras baja sus caderas recto, hasta que sus muslos queden paralelos con el piso, dejando que sus brazos cuelguen estirados con las mancuernas en las manos. Al llegar abajo comience a enderezar sus piernas empujándolas desde sus talones, hasta que alcancen la posición inicial; conserve su espalda recta durante todo el ejercicio.

EXTENSIONES DE LA PIERNA

Posición inicial

Siéntese en el gimnasio en un aparato para la extensión de las piernas colocando sus empeines detrás del rodillo acojinado, mientras sus piernas cuelgan libremente sin que los pies toquen el suelo. Cuando el rollo es ajustable deberá situarse entre el empeine y la parte baja de sus espinillas, no arriba de su pie ni en la mitad de su espinilla. Tome con sus manos las manijas del aparato o el borde de la banca para evitar que sus caderas se levanten cuando realice el ejercicio.

Ejercicio

Levante sus piernas hasta que queden rectas con los muslos, elevándolas con sus cuadríceps, cubriendo el arco en toda su amplitud. Ya que tiene sus piernas totalmente rectas, comience a bajarlas lentamente, hasta que cuelguen libres otra vez. No permita que sus caderas se separen del asiento.

PRESS DE PIERNA

Posición inicial

En el gimnasio, acomódese en el asiento de un aparato para presionar o empujar con las piernas, con sus piernas rectas y sus pies separados el ancho de sus hombros, con su punta ligeramente abierta. Para impedir que sus caderas se levanten del asiento, agárrese de los lados de la banca con sus manos.

Ejercicio

Permita que el peso del aparato lentamente doble sus piernas hasta que sus cuadríceps toquen su estómago, al tiempo que inhala profundamente. Entonces, con sus talones, no con las puntas, presione el peso de regreso a la posición en que inició el descenso.

EJERCICIOS PARA LAS CORVAS

Las corvas o parte de atrás de las piernas están formadas principalmente por los llamados *biceps femoris*, que se fortalecen con los siguientes ejercicios.

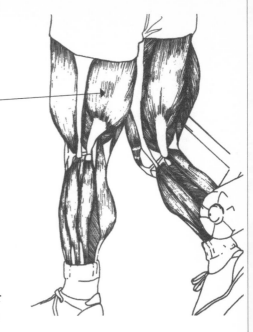

Biceps femoris

PESO MUERTO CON LAS PIERNAS RECTAS

Posición inicial
Tome una mancuerna en cada mano y déjelas que cuelguen de sus brazos con las palmas viendo hacia atrás, mientras descansan sobre sus cuadríceps. Separe sus pies el ancho de sus hombros para iniciar este excelente ejercicio para las corvas y fortalecer la espalda baja.

Ejercicio
Con lentitud incline hacia delante el torso desde sus caderas y baje las mancuernas que cuelgan de sus brazos al frente de usted, hasta que casi toquen el suelo. Mantenga su espalda recta durante el ejercicio para lo cual es útil mantener siempre la vista al frente con su cabeza elevada. Mientras se concentra y siente el jalón en los músculos de atrás de sus piernas, levante despacio su cuerpo y las pesas a la posición inicial.

DESPLANTE CON MANCUERNA

Posición inicial

Párese con una mancuerna en cada mano, con los pies juntos y sus puntas hacia el frente, los hombros rectos, el pecho levantado y la barbilla elevada.

Ejercicio

Con la pierna derecha dé un paso ligeramente largo hacia delante, al tiempo que dobla las rodillas y baja las caderas, de manera que su rodilla izquierda quede a unos centímetros del piso. Su rodilla derecha debe quedar sobre su pie, el cual debe permanecer pegado al piso y recto, no hacia dentro o hacia fuera. Para regresar a la posición inicial, empuje con la pierna derecha su torso hacia arriba.

Cuando haya realizado el número de repeticiones necesarias con el desplante de la pierna derecha, inicie las repeticiones con la pierna izquierda.

CURL ACOSTADO BOCA ABAJO

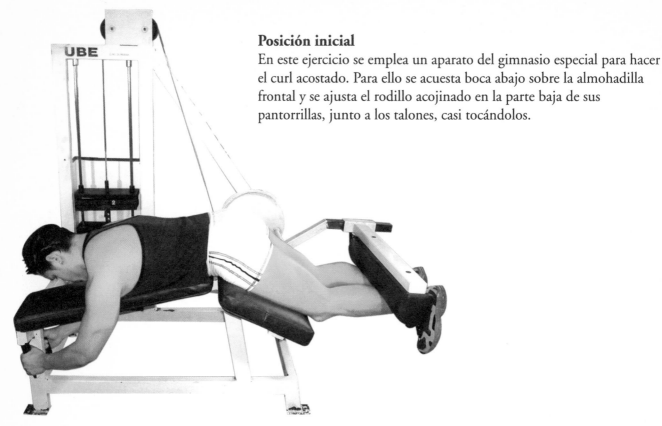

Posición inicial

En este ejercicio se emplea un aparato del gimnasio especial para hacer el curl acostado. Para ello se acuesta boca abajo sobre la almohadilla frontal y se ajusta el rodillo acojinado en la parte baja de sus pantorrillas, junto a los talones, casi tocándolos.

Ejercicio

Levante las piernas haciendo un arco que lleve sus pies tan cerca de sus caderas como sea posible; idealmente el rollo acojinado debe tocar las parte de arriba de sus corvas. Mantenga las piernas en esa posición hasta la cuenta de uno, para enseguida comenzar a regresar las piernas y el peso a la posición original, recorriendo todo el arco en sentido inverso. Cuando sus piernas trazan el arco empujando o sosteniendo el peso, sus caderas no se deben separar de la almohadilla frontal.

EJERCICIOS PARA LAS PANTORRILLAS

Las pantorrillas están formadas principalmente por los músculos llamados *gastrocnemius*, que se fortalecen con los siguientes ejercicios.

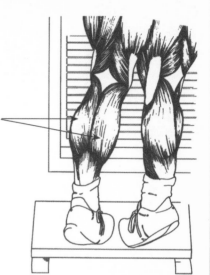

Gastrocnemius

LEVANTAMIENTO DE PANTORRILLA CON MANCUERNA

Posición inicial

Cerca de algún apoyo, coloque en el suelo un bloque de madera de 2 a 3 cm de grosor sobre el que descanse la punta de su pie derecho, mientras sostiene una mancuerna en su mano derecha. Ponga su mano izquierda en el apoyo para que no pierda el equilibrio al elevar su pie izquierdo, el cual se apoyará detrás de su pantorrilla derecha.

Ejercicio

Baje su talón derecho tanto como pueda, estirando su pantorrilla. Ya que llegó a lo más que da, levante su talón y empuje su cuerpo hacia arriba, también a lo más que dé, contrayendo los músculos de la pantorrilla. Espere arriba hasta la cuenta de uno y lentamente baje el talón y el peso de su cuerpo nuevamente, para que se estire el músculo *gastrocnemius* lo más que pueda, para luego comenzar a empujar hacia arriba. Repita las veces que haya planeado, para enseguida invertir las piernas; siga las mismas instrucciones.

LEVANTAMIENTO DE PANTORRILLA CON LAS PIERNAS EN ÁNGULO

Posición inicial

Sobre un piso de mosaico o cemento párese con los pies abiertos en un ángulo de 45 grados, separados al ancho de sus hombros, al tiempo que sostiene una mancuerna en cada mano colgando a sus costados, con sus palmas vueltas hacia sus muslos.

Ejercicio

Con sus piernas rectas descansando sobre la punta de sus pies, levante sus talones tan alto como pueda. Mientras está arriba, haga una pausa para contar hasta uno y entonces, lentamente, baje los talones hasta la posición inicial estirando los músculos de la pantorrilla.

LEVANTAMIENTO DE PANTORRILLA SENTADO

Posición inicial

Este ejercicio se realiza con un aparato del gimnasio. Ya que está sentado en él ponga las puntas de sus pies sobre la plataforma y la almohadilla para las rodillas en la parte baja de sus cuadriceps.

Colóquese en un aparato para levantar las pantorrillas mientras usted está sentado, con las puntas de sus pies sobre la plataforma y el cojín para las rodillas en la parte baja de arriba de sus muslos. Mantenga quieta la parte de arriba de la parte alta de su cuerpo durante el ejercicio y concéntrese en sus pantorrillas.

Ejercicio

Concentrado en sus pantorrillas y con la parte superior de su cuerpo quieta durante el ejercicio, lentamente baje sus talones y deje que los músculos de su pantorrilla se estiren hacia abajo tanto como pueda. Sostenga el estiramiento mientras cuenta hasta uno antes de comenzar a presionar el peso hacia arriba tanto como pueda, para entonces contar hasta uno y comenzar a bajar el peso otra vez.

LEVANTAMIENTO DE PANTORRILLA DE PIE

Posición inicial

Aquí en este ejercicio también se usa un aparato del gimnasio, en el cual los pies se colocan sobre una plataforma apoyados sólo en las puntas de aquéllos, con los talones elevados para acercar los hombros a unas barras con pesas que se apoyan en los extremos de éstos sobre unas almohadillas.

Ejercicio

Sin curvar su espalda, doblar sus caderas ni sus rodillas, permita que sus talones bajen lentamente para que baje el peso, hasta que todo su pie se apoye sobre la plataforma. En esa posición comience a levantar el peso, levante sus talones tanto como pueda, para que se estiren los músculos de sus pantorrillas. Ya arriba, cuente hasta uno y comience el descenso con sus hombros rectos, su pecho erguido, su barbilla levantada y la mirada hacia adelante.

EJERCICIOS PARA FORTALECER EL ABDOMEN

Los principales músculos del abdomen son los llamados rectos del abdomen que cubren el vientre, desde las costillas hasta la ingle y los músculos oblicuos u *Obliquus abdomini,* unos externos y otros internos. Estos ejercicios contribuyen a su fortalecimiento.

Rectos del abdomen

Obliquus abdomini

ENCOGIMIENTO DE LAS PIERNAS

Posición inicial

Acuéstese boca arriba sobre una alfombra o en una colchoneta con sus piernas estiradas y sus pies juntos. Luego, para tener apoyo meta sus manos bajo las caderas con las palmas hacia abajo. Enseguida levante la cabeza ligeramente del piso, pero sin que la barbilla llegue al pecho.

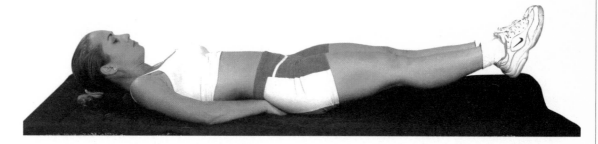

Ejercicio

Eleve las piernas al tiempo que dobla sus rodillas, jalando lentamente los muslos hacia su pecho. Ya que las rodillas están a la altura de su pecho, contraiga sus músculos abdominales y levante la pelvis del piso ligeramente.

Ahora, estire sus piernas lentamente hasta que regresen cerca del piso, sin dejar que descansen en él. Manténgase en esa posición mientras cuenta hasta uno y comience de nuevo el movimiento de ascenso, sin levantar demasiado la cabeza, ni permitir que su espalda se arquee, puesto que debe permanecer presionada contra el suelo, inmóvil, igual que su cabeza apenas arriba del piso.

ABDOMINALES CON LAS PIERNAS DOBLADAS

Posición inicial

Acuéstese en el suelo sobre una alfombra o un acolchado, viendo hacia arriba con sus rodillas juntas, sus piernas flexionadas y sus pies completamente planos sobre el piso a unos 30 cm de sus caderas.

Ponga ambas manos detrás de su cabeza, pero sin que se entrelacen los dedos, para que al elevarse queden a los lados de su cráneo y no se usen como ayuda para levantarse.

Ejercicio

Empuje la parte baja de su espalda contra el suelo, como si tratara de taladrar un hoyo. Entonces y sólo entonces levante sus hombros, sin mover sus caderas ni sus rodillas, mientras sigue empujando hacia el piso la parte baja de su espalda tan fuerte como pueda. En este ejercicio la amplitud del movimiento es muy limitada, porque los hombros se levantarán del suelo sólo unos centímetros, pero bien ejecutado es sumamente efectivo. Mientras cuenta hasta uno tense los músculos de su abdomen tan fuerte como pueda. Entonces, lentamente baje los hombros hasta el suelo, sin dejar de presionar hacia abajo con su espalda baja. Es un ejercicio que se hace muy lentamente presionando y estirando los músculos del abdomen todo el tiempo.

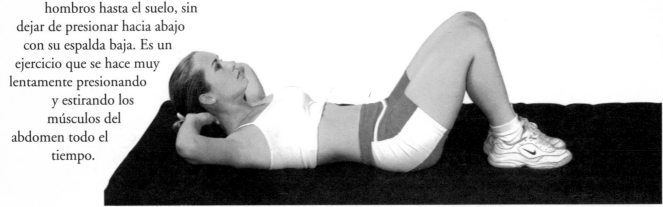

ABDOMINALES TORCIDOS

Posición inicial

Sobre una colchoneta o un acolchado colocado en el piso, recueste su espalda con sus manos detrás de la cabeza sin trabar sus dedos y sus piernas dobladas, con sus rodillas y pies juntos. Ya que esté cómodamente acostado haga que sus piernas caigan hacia un lado, pero sin que sus hombros ni la parte superior de su espalda se separen del piso, sino sólo la parte baja de su espalda.

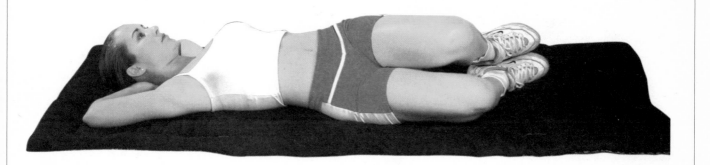

Ejercicio

Presione, empuje hacia el piso la parte baja de su espalda al tiempo que eleva sus hombros lo más que pueda para que se separen del suelo. Ponga su mente en los músculos oblicuos, aquellos que están a los lados de su cintura, mientras mantiene la contracción hasta la cuenta de uno. Mantener la contracción es la clave de este ejercicio que mucha gente desconoce, pues se levantan un poco y después regresan, sin afectar mucho los músculos oblicuos.

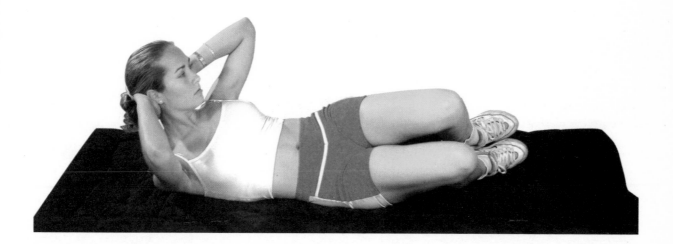

Ya que sostuvo la contracción, regrese lentamente a la posición inicial y empiece a la repetición que sigue.

Cuando termine las repeticiones del lado derecho, deje caer sus piernas al lado contrario y haga las repeticiones planeadas.

ABDOMINALES INCLINADO HACIA ATRÁS

Posición inicial

Este es un gran ejercicio para los abdominales medios y bajos.

Este ejercicio, excelente para los abdominales medios y bajos, generalmente sólo es posible realizarlo en un aparato del gimnasio, que tiene una banca inclinada y unos dispositivos acojinados para enganchar las piernas y los pies. Siéntese en la banca inclinada con sus pies enganchados y su torso perpendicular a ella, de tal manera que para contraer sus abdominales todo lo que tiene que hacer es permanecer así. Coloque sus manos a los lados de la cabeza, sin entrelazar los dedos.

Ejercicio

Mientras contrae sus abdominales incline hacia atrás la parte superior de su cuerpo, sin acostarse completamente en ella o pondrá demasiada tensión en la espalda baja. Conserve hasta la cuenta de uno esa posición extra fuerte y luego regrese a la posición inicial.

Cuando aumente su fuerza y le sea posible realizar más de 12 repeticiones de este pesado ejercicio, sostenga en su pecho una pesa de 5 kilos y haga el ejercicio con ella.